吉林省科技发展计划项目基金资助

物 流 园 区
协同发展问题研究

孙庆峰　马哲明◎著

中国社会科学出版社

图书在版编目（CIP）数据

物流园区协同发展问题研究/孙庆峰，马哲明著.—北京：中国社会科学
出版社，2017.11
ISBN 978 - 7 - 5161 - 0806 - 2

Ⅰ.①物…　Ⅱ.①孙…②马…　Ⅲ.①物流—工业区—协调发展—研究
Ⅳ.①F253

中国版本图书馆 CIP 数据核字（2017）第 306644 号

出 版 人　赵剑英
责任编辑　郭　鹏
责任校对　夏慧萍
责任印制　李寡寡

出　　　版　中国社会科学出版社
社　　　址　北京鼓楼西大街甲 158 号
邮　　　编　100720
网　　　址　http://www.csspw.cn
发 行 部　010 - 84083685
门 市 部　010 - 84029450
经　　　销　新华书店及其他书店

印　　　刷　北京明恒达印务有限公司
装　　　订　廊坊市广阳区广增装订厂
版　　　次　2017 年 11 月第 1 版
印　　　次　2017 年 11 月第 1 次印刷

开　　　本　710×1000　1/16
印　　　张　13.25
插　　　页　2
字　　　数　220 千字
定　　　价　68.00 元

前　　言

随着国民经济发展进入"新常态"，物流业发展面临着新的机遇与挑战。物流园区作为区域经济集聚的产物，已成为区域经济发展的重要支撑，同时也面临着新的发展问题：部分园区规划有待论证，园区发展潜力受到约束；园区政策法规有待完善，规划建设落地有些困难；运营管理体制、机制尚未健全，综合服务能力有待提升；园区统筹规划有待加强，互联互通尚未形成。那么，如何在政策、经济、技术、文化、自然环境综合背景下，调整物流园区布局，优化网络结构，创新运营管理和商业模式，促进园区深度合作、互联互通、协同发展，已成为政府、企业亟待解决的问题。

本书立足于上述问题的解决，主要从以下几方面开展研究工作。

第一，物流园区发展理论研究。引入物流流量场理论，从物流园区的流量经济入手，分析了物流园区的流量场效应及物流园区要素流动的动力机制；引入区域经济理论，从物流园区的区位理论入手，对物流产业集群进行了经济分析；引入系统理论，从物流系统论、物流协同论视角，分析了物流系统的协同机制和协同管理；引入生态学理论，从物流园区生态场、生态位及共生视角，对物流园区进行了生态学同构分析。

第二，物流园区发展形态与发展要素研究。从物流园区空间形态、功能形态、协作形态等不同视角阐释了物流园区发展过程中的形态特征；从物流园区建设主体要素、资源要素、流通要素、环境要素分析了影响物流园区发展的关键点。

第三，物流园区协同发展模式研究。从供应链有效运作和管理、物流资源优化配置、物流行业可持续发展等方面，阐释物流园区协同发展功能及协同发展模式构建动因，借鉴国内外物流园区发展经典模式，提出了基于"政产学研资介"、核心物流园区数量的协同发展模式，进而阐释了模式主体及主体之间的关系。

第四，物流园区协同发展机制及路径研究。从机制设计理论研究入手，分析其在物流园区协同发展中的作用。在分析信息机制数据基础上，提出信息服务平台的构建及运作。在分析物流园区生态属性、生态定位基础上，确定物流园区的生态维度，提出物流园区竞争协同机制和绿色协同机制。最后从资源共享、成本分摊、一体化视角提出物流园区协同发展路径。

第五，物流园区协同发展对策研究。从物流园区主体视角出发，以物流园区多主体协同进化为目标，从政府、行业、企业等层面，提出物流园区的多元利益主体协同发展对策，并结合"哈长城市群"物流园区实证研究，提出物流园区协同发展改善策略。

本书系针对物流园区协同发展问题进行的探索性研究，为突破物流园区发展瓶颈提出了一个新的研究视角。在研究过程中，紧密结合中国物流园区发展实际，以相关物流园区发展理论为支撑，以物流园区实证研究为依托，研究结论具有针对性、前瞻性、可借鉴性。可以为政府有关部门、物流相关企业提供理论指导和实践支撑。

孙庆峰　马哲明

2017 年 3 月

目　　录

第一章　物流园区发展理论

有供需就有物流。尽管物流作为一项基本的经济活动早已存在于人类的社会生活中，物流概念已不是一个新名词，物流产业也得到了蓬勃发展，但物流基础理论研究相对滞后，长期以来还未形成系统的物流理论体系，人们也只是从不同的方面，或基于不同的知识对其进行阐释，给出各种理论原理和分析方法。物流产业在发展过程中逐渐衍生出专业化的物流园区。作为一个空间概念，物流园区是指多种物流基础设施和各种类型物流企业在某个特定地域集中布局的场所，它是以物流为中心，辅以其他相关综合服务功能，并形成一定规模的物流集结节点。如果从空间尺度上说，整个物流是一个大的系统的话，那么其中的物流园区就是这个系统中浓缩的小系统，是整个物流系统中的关键节点。但与其他物流节点不同，物流园区具备了物流的所有功能，并集中显示了物流产业的要素流动性、空间集聚性、系统集成性和主体协同性。基于对这些基本特征的认知，本章试图引入不同的知识体系，给出物流园区的几个基本理论，并对物流园区进行初步理论分析。

第一节　物流流量场理论

一　物流园区的流量经济

流量、存量，以及二者变化所形成的增量，是社会经济活动中要素所呈现的不同的数量形态，而要素的流动往往是改变存量、实现增量的必不可少的过程。在经济过程中，要素在空间上主要以物流、资金流、人流、信息流、技术流等形态流动，从而以流量实现存量的变化，带动经济增量，实现经济增长。其中的物流几乎都反映在所有的经济过程中，尤其是实体经济部分，物流产业由此成为经济活动中不可或缺的组成部分，同时也是连接生产与消费的流通环节所不可替代的纽带。

物流是由供应者到需求者的物品位置转移过程。按照袁炎清的"物流六要素"说，物流的最基本组成要素包括流体、载体、流向、流量、流程和流速。其中，流体是物流中的"物"，即物质实体。载体是流体借以流动的设施和设备，它可分为两类，第一类是基础设施，多固定；第二类是设备类，以基础设施类为载体，通常可移动。流向主要指流体从起点到终点的流动方向。流量是通过载体的流体在一定流向上的数量。流程是指通过载体的流体在一定流向上行驶路径的数量表现。流速是指通过载体的流体在一定流程上的速度。① 物流正是由运输、配送、仓储、搬运装卸、流通加工和包装及信息管理等各个功能环节，通过变换其六个属性要素，进而克服了供需主体间的时空间隔，主要以时空成本的减量来实现价值增量的基本经济过程。

生产和消耗是导致存量变化的主要原因，但二者一般不属于物流的范畴，所以物流理论就集中关注其流量问题，由此便可以形成其流量经济理论。

事实上，已经有学者在并不完全一样的语境中提出了流量经济概念。早在2002年，周振华等就在区域经济理论框架内提出了流量经济理论。他们认为流量经济是一种城市经济发展模式，"它是指一个地区以相应的平台和条件，吸引区外的物资、资金、人才、技术和信息等资源要素集聚其中，并在该地区重组、整合和运作，进而带动各产业部门的发展，再以由此形成并倍增的经济能量向周边乃至更远的地区辐射。通过高效、有序和规范的流动，各要素实现其价值，并通过循环不断的流动以及要素流量的规模不断扩大，

---

① 袁炎清、范爱理：《物流市场营销》，机械工业出版社2003年版，第59—61页。

由此，达到该地区经济规模不断扩大、经济持续发展的目标"。①

显然，这里的流量已不单纯是针对"物流"，它已经由传统的物流扩展到更多的要素流，而且强调其经济性主要是由要素流动所形成的区域经济集聚和扩散效应所致，而具有这两种效应的主要是某些中心城市。但其内涵依然是"流量"，与物流中的流量没有本质上的差异，而且现代物流理论已不只局限于"物流"，已经演化成一个"物流系统"，诸要素流缺一不可。此外，所谓的"中心城市"和物流园区在"流量经济"意义上也没有本质的区别，物流园区的流动性、集聚性和扩散性是不言而喻的，所以在研究物流园区时完全可以运用流量经济理论，只是它更强调物流而已。

二 物流园区的流量场概念

物流园区是一个空间概念，它的流量也是在特定的时空内展现的，具有"场"的基本形态和特征，是一个典型的"物流场"，或者说是物流系统中的"流量场"。

"场"的概念来自人们对物质空间的感性认知。场是物质的一种存在形态，即物质间相互作用的表现形态。它与物质实体即实物同时存在并密切联系。它以实物为本体和基核，在时空上呈现出质能的不同分布形态。广义上，场可以被解释为基于位置的某种关系所构成的一个系统，一般具有开放性、波动性、差异性、连续性和叠加性等特征。

场论是物理学经典理论之一。它以空间点函数来表征场的存在，场内的实物被视为场源（也可以是场汇），因而物理学的场论主要是研究场与场源之间的关系及其变化规律的，如引力场及其与场源质量分布间的关系，牛顿的引力场就是由万有引力定律来解释的。人们对场的认识经历了从虚无到现实的过程。现在，场的概念已经由物理学扩展到其他领域，如在社会科学领域就有心理场、管理场、信息场、社会场、知识场、经济场等，进而人们以经典物理

① 周振华、韩汉君：《流量经济及其理论体系》，《上海经济研究》2002年第1期。

学的思维方式和分析方法来研究各自知识领域的场现象及其规律。

物流系统中的物流园区具有场的特征：具有地理空间上的区域范围，具备空间集聚和扩散的基本功能，并通过要素流与外部进行各种交换，实现物流园区的基本功能；物流园区是整个物流网络系统中的核心节点，在这个特定的"区域"中，存在若干实体要素，如它的基础设施、流通的物质及内部人员等，这些元素的数量构成了物流园区的空间点分布特征；诸多实体元素之间的相互联系、相互作用和空间位移改变着物流园区的结构和功能，使其呈现出特定的分布规律和运动规律。

在一个物流园区中，除了静止不动的部分基础设施载体，其他的要素都在不断地运动之中，流体、移动的载体以及人员都是其实物部分，而流向、流量、流程和流速则反映了其数量特征。物流园区构成一个流量经济空间，我们可以称之为物流流量场，它是一个矢量场。

物流流量场也是一个复合场（或协同场），诸要素的空间流动及其相互叠加、协同运作共同实现了物流园区的正常运营和良性发展。需要注意的是，物流园区的要素流动常具有源、汇二重性，反映在整个物流系统中，它只是其中的一个中间节点，与外部的要素交换既有流入也有流出，但这并不影响我们对其做流量场的解读。

三 物流园区流量场的运行机制

（一）物流园区的流量场效应

场效应又可称为场影响，物流园区的流量场效应是指物流园区的场源在运营过程中给区域内外的社会经济活动带来的影响及影响程度。物流活动具有明显的空间依附性，其场效应也是基于地理空间显现的。物流园区通常呈现点状，所以多是点状场效应。

在流量经济空间中，由供应者（场源）至需求者（场汇）形成要素流量势差，它规定了要素的流向和流速，也决定了场的集聚与扩散强度，其流量大小取决于空间的经济规模。由于受距离成本等因素的制约，其作用强度往往呈空间梯度变化，即越远离场源或场汇，其强度越弱，经济性越差。物流流量场就具有这种特征。一个点状物流流量场仿佛是一个点电荷，它像电场一样对其周围区域具有一定的吸引、辐射作用。

物流的场效应是以物流源点为圆心，向外辐射或者向内聚集，并大体呈现流量场强度的梯次变化，场空间中某一点的"场强"通常与场源物流的存量、物流因子以及该点与场源的距离有关，而物流因子主要由交通条件、地理位置、经济实力、人口规模、资源基础、自然条件和技术水平等因素构成。①

显然，一个多要素流联动的复合流量场，其复杂程度会有很大的增加。例如，就外部人口流而言，它受到周边地区居民可达性和日常流动行为的影响，良好的交通条件也会改善周边人口流动状况，而实时配送方式又会使外部人口流控制在很低的水平。

（二）物流园区要素流动的动力机制

物流园区作为供需的中间环节，被用以解决空间和时间差并提供时间和场所效用。就市场而言，在物流载体和流程相对不变的情况下，供需之间的"位势差"决定了要素的流向、流量和流速。有了位势差，就会产生流动的动力，要素流动才能实现。就其经济性而言，空间中要素流动的位势差可以分解为位差和势差。位差一般取决于两地间同一要素成本和收益比较的差异，即要素获得的净收益的差别。由此，要素由净收益低的地区流向高的地区。而势差则主要是由要素的品质等级、经济能量等方面所导致的与其他要素比较的优劣差异，往往体现了异质要素的综合竞争力的差别，由于高品质的要素相对于低品级的要素具有空间比较优势，所以形成了由低品级到高品级的地域移动。总之，位势差综合反映了要素的区位特征，也说明了其流动的基本动力机制。

对于一个物流园区来说，要素的位势差也体现了一个园区相对于另一个园区的空间竞争力，这种位势的空间异质性和不均衡性正是导致空间流量经济的根本原因，也是各种要素空间集聚与扩散的

---

① 汤银英：《物流效应场模型及其空间分布》，《物流技术》2007 年第 6 期。

动因。由此，提高各种要素的位势级也是增强物流园区竞争力的基本途径。提高位差就是要完善本地相关的环境条件、提高要素流动平台的运行效率，以尽可能降低要素运作成本、增加获利机会、提高盈利率，使得本地的要素运作收益超过其他地区，以吸引要素集聚本地。增大势差就是使集聚本地的要素经过有效的重组、整合和运作之后，不仅可以获得收益，同时也由此提高要素或要素组合的竞争力，以形成相对于其他地区要素的较大的竞争力势差，出现辐射流动，以获得更大的收益。

第二节　区域物流理论

一　关于区域经济学的相关理论

简单地说，区域物流就是指一个区域内的物流，是区域性一切物流活动的综合体系，此区域既可以是国家划定的行政区域，也可以是相互联系较紧密的经济区域。区域物流的基本经济学理论就是区域经济学。区域经济学中的区域既可以与现实的社会经济相吻合，指称一个确定的地理范围，也可以被抽象化为一个空间，但它的地理学内涵和经济学属性是由此认识区域经济理论的基础。为此，它往往指一个特殊的在经济上尽可能完整的地区，现在人们往往把它看作一个复合体。

由于人类的社会经济活动都离不开其地理基础，所以区域经济理论涉及了经济学的方方面面。区域经济学重点研究三方面内容，即区域经济的运行与配置、区域经济间的竞争与合作、区域经济的发展与决策。现在已经形成的较完整的理论就有区位理论、经济活动的空间分工理论、经济区域的空间演化理论、区域产业结构理论、区域经济增长理论。此外，诸如城市经济、产业集聚、工业园区等也常是其研究的特定议题。

无疑，物流园区首先就是个地理空间概念，上述各论都可以把它作为分析研究的对象，也都可以给出各种有意义的解释。鉴于此，这里只简要介绍其中典型的区域经济理论。

二　物流园区的区位理论

（一）区位理论

固定的空间位置是区域的基本特征，由此最早产生了区位理论。所谓区位，是指人类行为活动的空间。区位总是与特定事物相关联，而这个事物就是所谓区位主体。区位与区位主体构成区位理论的研究客体。简单地说，区位理论就是研究人类经济和社会活动的场所及基于场所的经济活动的有机组合，以及场所选择过程的理论，二者分属于经营区位论和布局区位论。最佳位置是区位理论的核心。经营区位论研究的是既定场所上的经济活动优化，而布局区位论则基于优化的经济活动准则选出待定的场所。分析与选择的标准已由原来的最小生产成本，变成最大利润，直至多因素效用最大化。

物流园区的主要服务对象可分为生产企业、零售业和最终消费者。作为生产与消费的中间环节，其区位布局不仅受到生产企业区位布局的影响，也受到零售业空间分布和城市人口分布的影响。服务对象（即顾客或需求）和竞争对手的地理空间分布与规模是进行科学、合理的物流园区区位决策必不可少的考虑因素。

（二）物流园区的区位因素分析

在区位理论中，除了基于目标的经济分析之外，区位因素分析往往是区位经营和选址的基本途径。所谓区位因素，是指区位主体的经济活动发生在某个特定点或若干点上，而不是发生在其他点所获得的优势。区位理论的优势判别多以成本的节约为准则，由此，物流园区的比较优势就是其区位成本的节约，即物流园区总运营成本的降低额。一般物流园区的区位主要包括以下几个方面因素。

1. 市场因素

主要指服务对象的规模、类型和分布。服务对象的规模对应需求的规模，直接形成市场的规模，在服务对象规模密度大的区域，可供设置物流园区的区位就多；服务对象的类型体现市场的结构，决定市场的类型，这将影响物流园区的服务方向定位；服务对象的空间分布对应距离，影响物流成本和服务效率，所以尽可能地靠近服务对象是物流园区选址的基本要求，如在城市中心、专业市场或工业园区附近集中了大量的服务对象，物流园区就近设址可以缩短运距、降低运费、迅速供货。

2. 交通因素

一般包括与服务对象的空间距离和所在区位的交通条件。在经典区位理论中，距离是成本函数的重要变量，其经济意义不言而喻。交通条件包括与物流园区相关的交通基础设施及其分布和运行状况，它决定交通可达性和便利性，因而物流园区应尽可能选择紧临主要运输通道（如各等级公路、铁路站场、港口、机场等），以提高其运行效率，降低成本。

3. 竞争环境

来自空间关联的同类物流从业者的竞争是避免不了的，园区及其物流企业的技术水平、管理效率、运营成本等方面的改善可以提高竞争能力、形成竞争优势，这也是区位选址和经营需要面对的基本问题。

4. 其他因素

例如，园区所在地的地理条件，会影响其实际布置的形态、邻界关系及其邻界处理方式，物流园区的选址及其设计应充分考虑自然因素影响。此外，政府出台的土地使用规划方案及有关物流行业的政策等都是物流园区建设的基本限制条件，这些政府法令需要严格遵守。地价也是影响园区选址的重要因素。[①]

在需求主导下，物流园区的区位分析和决策要充分考虑市场需求的影响，但实际上，由于物流产业处于生产—消费的中间环节，物流园区的选址与运营管理都应该兼顾它与物流源之间的空间联系，使之处于一个更加合理的位置。

---

① 陈达强、孙单智、蒲云：《基于区位论和城市 GIS 的物流园区布局研究》，《交通运输工程与信息学报》2004 年第 3 期。

三 物流产业集群理论

（一）产业集群

集聚是经济融合以及产业形成和发展的一个基本途径，主要包括产业要素的集成化和产业组织的集中化，伴随而来的往往也呈现出产业的空间集聚，即形成产业集群。空间集聚是区域经济活动的一个突出现象，受到人们广泛的关注。

产业集群是指在特定区域中，一些具有竞争或合作关系的企业为了各自特定的目的而聚集在一起，通过市场机制或政府引导而形成的组织系统。区域中的产业集群不单纯是若干个企业的空间扎堆，更主要的是由此形成各种复杂的经济联系，并以网络化、虚拟化的组织形态根植于特定的社会经济环境中，企业间通过开放、交流，共享集聚经济效益。

（二）产业集群的经济分析

区域经济的不平衡发展及集聚现象在现实中普遍存在，而空间集聚所产生的极化效应往往被视为区域不平衡发展的根源。为此，经济学从多个角度对产业集群的原因作出解释。

1. 要素禀赋理论

要素禀赋既包括自然要素，也包括各类人工投入品。前者的代表是自然资源、地理位置、气候、土地等，后者主要有资本、制度环境、人力资本等。该理论认为，要素禀赋的空间差异使得经济活动倾向于集中在具有适宜要素禀赋的区域，即经济活动的集中与否取决于各区域自身的要素供给条件。它的解释是有限的，其前提是要素空间的不完全流动性，以及区域供给和生产条件的不变。然而，区域经济是开放性经济，普遍存在的要素空间流动会改变一个区域的要素分布状况，进而导致要素价格的空间均等化。

2. 区位理论

该理论认为，聚集经济是影响企业区位选择的因素之一。韦伯就曾将聚集分为两种，即由于企业内部扩张而形成的规模聚集和由于企业间产生的外部节约而形成的地域聚集。他认为相互联系的多个企业聚集在一起综合发展可以形成外部节约，使各企业共同受益。韦伯之后的区位理论者也多持这种观点，认为企业共处一个局地范围，之间通过生产、服务和营销方面的直接的或间接的联系可以组成一个复杂的综合生产网络，为此关联企业均可享受到"聚集经济效益"。这种聚集经济效益是多方面的，诸如运输经济效益、储备经济效益、采购经济效益、信息经济效益，以及社会固定资本费用的节约等。这些聚集经济效益促成企业做出理性的区位选择，导致企业集群。

3. 交易费用理论

该理论将企业与市场视为经济活动的两极，企业联盟、企业集群等是其间的中间形态，经济主体的选择和生产组织形态取决于交易费用的大小，组织的合理边界对应最低的交易费用。在生产综合体内，企业通过市场或准市场交易联系在一起。这些交易包括：人员接触、信息交换、战略协调、产品设计、长期或短期分包以及投入产出联系等。就区域企业集群而言，企业间的交易关系具有地理依赖性，如某些交易活动需要域内频繁地协商和搜寻、不能享受运输经济的小规模联系、需要个人接触和协商才能得到解决的障碍性联系等，它们都含有明显的空间成本，企业集中可以有效地降低这些交易活动的成本。从另一个角度看，分工和交易使收益递增得以实现，而分工和交易与地理结构有关，只有当经济活动在地域上集中并以生产综合体形式出现时，企业才能共享由收益递增带来的利益。

4. 外部规模经济

外部性是经济活动的外部效应。经济学的外部效应是指一个经济主体的行为对另一个经济主体的福利所产生的效应，它常指那些虽由某个经济行为引致但其后果又没有回馈给该行为主体而使其损益的那部分外溢效果。相关者的存在是形成外部性的必要条件，集聚提供了这种必要的联系，因而集聚具有空间上的外部性。依据外部性理论，产业集聚的形成，在很大程度上得益于集聚所产生的外部性（聚集效应），包括中间投入品共享、劳动力共享和知识溢出等。

5. 增长极理论

增长极是具有空间集聚特点的增长中的推动性工业的集合体。佩鲁在1950年出版的《经济空间：理论的应用》中首次提出以"发展极"为标志的不平衡增长理论。佩鲁认为，经济空间存在若干中心、力场或极，产生类似"磁极"作用的各种离心力和向心力，从而产生相互联合的一定范围的"场"，并总是处于非平衡状况的极化过程之中。该理论的基本观点认为，"……推动性工业嵌入某地区后，将形成集聚经济，产生增长中心，推动整个区域经济的增长"。增长极的形成条件可以分为历史、技术经济、资源优势三个方面。从历史条件看，已形成的各种聚集状态的空间景观是历史发展的结果，由于在这些不同形式的聚集范围内，基础设施、劳动力素质、社会文化环境大多具有相当的优势条件，就更加有利于增长极的形成；从技术经济条件看，经济发展水平较高、在技术和制度方面具有较强创新和发展能力的区域，更适合增长极的产生和发展；从资源条件看，新增长极在具有水源、能源、原料等资源优势的区位相对有利于形成。按照增长极理论，产业集群的演进就是一个空间自我激励过程，它会带来乘数效应，并形成聚集与扩散过程，从而促进区域经济发展。

（三）物流产业集群的经济效果

物流产业可以解释为在现代物流技术和新型服务模式支持下，集成了与物流相关的社会经济要素，通过实现物品的时空转移而满足客户物流需求并创造价值的专业化企业和组织系统。物流产业属于派生型产业，表现出多行业性、基础性、服务性和综合性等四个特征。

物流经济活动由来已久，但物流产业只是社会分工与产业分化到一定阶段的产物。一般来说，依托一定范围的技术，提供特定领域的产品或服务，通过分工与专业化，形成相应的经济实体集合，这样往往就可以产生一个新的产业。物流产业就是在工业化、全球化快速发展过程中主要从流通领域逐渐衍生的一个新兴服务产业。

所谓物流产业集群，是指在某一区域内，多个物流企业或组织为了共享物流基础设施和信息，或者通过分工合作以完成特定物流业务，由此集聚形成的专业化、规模化区域性的企业和组织集合体。这种集群内部的物流企业都存在直接或者间接的竞争与合作关系，是一种以地理空间集聚为表现形式的社会经济网络系统，是区域物流系统的重要组成部分。物流园区实质上就是这种物流产业集群的一个形态，它集中体现了物流产业集群的特点和优势。

（1）物流产业集群这种中间性产业组织基于互联网、信息化技术，形成一种开放性的网络化组织形态，集群内部既有稳定分工又有临时合作，多个网络节点间存在复杂的资源、信息与产业共享关系，同时每个节点又与集群外部发生各种联系，增强了整体柔性，提高了效率，降低了运行成本。

（2）物流产业具有对物流交通网络和基础设施的高度依赖性，在一个局域空间集聚了较完善的物流基础设施，为物流企业进入提供了必要的区位条件，众多的物流企业一起共享这些基础设施，既可以提高其利用效率，也可以有效增加园区的流量，达到集聚经济的经济效果。

（3）作为中间环节，物流产业具有很强的产业关联性，其产业集群可以根植在本地区经济中，可以有针对性地为区域经济服务，同时实现自身良性发展。

（4）通过要素、信息和物流网络的高效协同，以及物流网络、社会网络、信息网络的有效配合，高效、便捷地整合各种资源，以共同服务的统一模式，实施基于专业化平台的集成化管理。尤其是在第三方物流的协同下，可以改变个性化需求下分散物流的传统模式，可以极大地促进整个物流产业的发展。

第三节　物流系统理论

一　物流系统

系统科学是现代科学的重要组成部分，系统思想与系统工程原理具有普适性，系统科学的一些理论分支完全可以用于解释物流系统。在现实中，系统科学的基础理论之一运筹学的优化方法就已在物流管理中得到了广泛应用。一般认为，系统是由两个以上有机联系、相互作用的要素所组成，具有特定功能、结构和有赖于一定环境而存在的整体。系统一般具有联系整体性、功能目的性、要素集合性、结构层次性、环境适应性等特征。

为了说明什么是物流系统，必须了解物流的基本特征。首先，无论是其中的经济实体还是功能实体，构成物流的要素不止一个；其次，物流有各自的供应链结构，各个组成要素之间都是相互关联、相互协同的，是为了物流的基本目的服务的有机组成部分；再次，物流是一个典型的空间过程系统，依据物流流程，其中的每一个环节及支撑各个环节的实体都是按照自身的功能协同组织而成，成为一个动态的有序结构；最后，物流存在于整个社会经济系统之中，它的发展变化受到市场、技术、自然条件等各种环境因素的影响等。物流已经从传统的销售物流、生产物流扩展成为集所有的物流功能、要素、环节于一体的现代物流系统，它覆盖了产品的采购、生产、流通、销售、消费和回收的全过程，并通过功能之间的衔接，实现现代物流整体目标。从这方面看，正是物流的系统集成才使得它真正地成为一个物流产业。

所谓物流系统，是指在一定的时间和空间里，由物流诸环节及其涉及的物品、信息、设施和设备等若干相互联系、相互制约的要素组成的具有特定功能的有机整体。一个物流系统往往是更大物流系统的子系统，都在特定的时空内展开，围绕物质流动过程完成时空连接，其每个环节及其时空形态又是一个物流子系统。物流园区就是整个物流系统中的子系统，是物流动态过程中的关键节点，它本身又集结了众多物流要素，形成了一个空间经济聚合体。研究物流系统的科学现在已经形成了由系统论到系统工程的完整体系。系统科学的理论分支较多，根据物流和物流园区的系统特征，下面给出几个有关理论。

二 物流系统论

(一) 物流系统的要素

物流系统的组成要素包括功能要素、物质基础要素和支撑要素等。物流系统的功能要素组成系统的各项职能，有包装、装卸搬运、运输、储存保管、流通加工、配送、物流信息等。物流系统的物质基础要素是物流技术装备手段，主要有物流设施、物流装备、物流工具、信息设施、组织及管理。物流系统的支撑要素组成系统的运营管理体系，主要包括运行机制、组织系统、制度、法律、行政命令和标准化系统等。①

物流企业是物流系统的主体，按服务功能可以将物流企业分为货代型物流企业、配送型物流企业、信息型物流企业、第三方物流企业及可为客户提供"综合供应链解决方案"的第四方物流企业等。分工协作的物流企业往往形成网络化的运行系统。这些物流要素的协调配合才能形成高效、流畅的物流，并实现其子系统如物流平台、物流中心、物流园区的正常运行。

物流园区包含了以上所有的要素，园区的规划建设本身就是一项系统工程。物流园区不仅要注意硬条件的投入，成为一个专业化、信息化的物流基地，也应该注意其软环境建设，在政策法规、管理模式等方面提供良好的企业入驻条件。

(二) 物流系统的基本结构

关于物流系统的结构，何明珂在《物流系统论》中就物流系统的流动结构、功能结构、网络结构、治理结构等做了较全面的分析。

1. 物流系统的流动结构

在其流动结构中，伴随着流体的空间位移，物流系统的七个流动要素（即流体、载体、流向、流量、流程、流速、流效）的不同

---

① 霍红、李楠：《现代物流管理》，对外经济贸易大学出版社 2007 年版，第 132—136 页。

组合及其在流动过程中的改变（载体的更换、流向的变更、流量的分合、流程的调整、流速的调整等）是经常发生的，会导致流效的变化，合理的流动结构应该保持流序通畅，尽可能减少变换的时间和环节，降低变换的成本，提高流效等。

2. 物流系统的功能结构

在其功能结构中，完整的物流都是由运输（含配送）、储存（含仓储管理和储存控制）、包装、装卸、流通加工、物流信息处理和物流增值服务等各种功能来实现。其中运输和储存是物流系统的最基本功能，其他物流作业都是二者的辅助功能。运输形成系统的流量，储存形成系统的存量，而物流最核心的还是流体移动所形成的流量。一般来说，应该尽可能地减少不必要的存量，但由于时空的限制，存量很难降为零。物流系统的功能结构取决于生产、流通模式，不同的物流运营模式可以形成不同的功能结构，如直销模式下的直达运输就可以最大限度地降低中间环节的存量，形成高效物流。

3. 物流系统的治理结构

治理结构作为法律术语，指公司权力机关的设置、运行及权力机关之间的法权关系。公司治理的核心就是在委托—代理关系下如何解决所有权与经营权分离问题，物流系统的治理主要不是这种公司治理。治理涉及主体关系与主体权益。物流系统的治理是指物流系统资源配置的管理和控制的机制和方法。物流系统涉及不同区域、行业和部门中的企业，其关系依托物流活动而形成和演化，不同的治理机制形成了物流的治理结构，一般也对应不同的物流组织形态，物流企业联盟、物流产业集群等实质上就是不同治理结构的产物。物流系统的治理结构就是要在制度上处理好各个利益相关者之间的关系。广义上，治理机制不仅体现在以外部市场调节为主的主体间协同管理，也在于将某些机制内部化为多种形态组织中而实行的内部控制，二者的选择及其形成的治理边界取决于交易费用。所以，区域物流系统中物流园区的治理机制如何设计关系到整体经营模式和园区协同发展。一般的物流系统治理形态主要有纵向一体

15

化企业、区域分工下的企业联合、产业集群和物流园区的企业网络等，其组织形态依次呈现松散化、虚拟化，治理结构也复杂化，需要更加灵活、高效的协同机制。

4. 物流系统的网络结构

网络分析是系统结构分析的基本方法。所谓网络是指以点和线为要素所构成的结构图式，点是网络中的实体要素，线则表达点之间的关系。在一个经济系统中，结构关系主要取决于分工与协作，由此形成的组织结构是经济管理中结构分析的一个主题，如企业内部的金字塔式组织结构、矩阵式组织结构、企业间的联盟结构等。物流系统中存在各种不同的网络，若以物流系统中的企业为点，以企业间的物流业务联系为线，可以构成物流系统中的企业网络，并由此讨论它的结构特性和动态过程。

物流系统中最典型也是最重要的还是流体空间流动所形成的流量网络，其中物流系统的结构参数主要是物流子系统和节点的地点、数目、功能以及流向、流量与配置关系。实际的物流系统由运输网络和各种绩效模块构成，每个物流节点按照有序分工执行各自的职能，形成一个空间聚散和递阶转运的物流网络。一个简单的物质流送过程由物流源节点开始，以物流汇节点终止，中间节点有流通仓库、中心仓库、运输场站、物流中心、配送仓库等，采用的运输方式可以是公路、铁路、水路、航空等多种。较大空间或复杂关系的物流系统常形成一个若干子系统递阶配置而成的层次结构，如多级配货中心串接而成的物流系统。诸如大宗货物物流、专业物流和多种运输方式联运的物流等可以有自己特定的物流系统和运行模式。

一般来讲，可以按照物流系统中集散节点的个数将物流系统分为一阶结构、二阶结构、三阶结构和多级结构等。①一阶结构物流系统。即适合直接从物流源流向物流汇的直达式物流。②二阶结构物流系统。即需要在物流源或物流汇附近设置中间节点的物流系统。它多出现在空间距离远、流量大，需要多方式集中分段运输的情况。③三阶结构物流系统。此系统中连接物流源和物流汇的环节是集货型的中间节点和分货型的中间节点，货物在从物流源流向物流目的地的过程中，要被停顿两次。④多阶结构物流系统。即在货物从物流源流向物流汇的过程中，要被停顿两次以上。选择几级物流系统取决于物流系统的区域状况、技术条件、供应链和管理模式，一般应力求结构的简化。①

上面主要是从一条物流径路上做的划分，实际上，物流网络会更多样，其空间节点的功能、规模也差异很大，如从物流站场、物流配送中心到物流园区，其功能越来越多，规模越来越大，运行管理也越来越困难。现实存在的物流系统可呈现出点状图、线状图、圈状图、树状图、网状图等不同的网络结构形态，其合理性与最优化可以运用系统工程相应的方法进行定量分析。

（三）现代物流的系统集成

物流系统的运行与管理需要随着经济环境、技术条件的变化而与时俱进。现代物流市场已经扩展为全球化的统一的大市场，新技术的发展已经彻底改变了企业原来的运行模式，大大压缩了时空，使得物流系统的集成化管理成为可能。

1. 系统集成

系统集成是指将两个或两个以上的集成要素按照一定方式集结成一个有机整体的行为、过程和结果。系统集成要素既可以是来自系统内部，也可以是来自系统环境。系统集成不是集成要素的简单叠加，而是整合和再造，其目的在于改变结构、创新系统，实现集成整体功能的倍增和涌现。

系统集成化通常不是改变组成单元的实体，而是通过系统的解构和重组，重新整合系统组成单元之间的关系，提升系统的整体功能，如企业再造、计算机集成制造系统等都是通过业务流程重组和整合的基本途径实现集成体的整体效能的提高。系统集成是一个创新过程，不能由系统自然演化形成，需要人工设计。现代物流系统

---

① 张晓川：《物流学——系统、网络和物流链》，化学工业出版社2005年版，第231—245页。

的系统集成条件业已具备，关键是如何适应环境的变化，通过系统要素集成，改变传统的经营模式。

一般来讲，系统集成的基本要素包括：①集成单元。集成单元是构成集成体或集成关系的基本单位，是形成集成体的基本物质条件。一个非孤立的系统或子系统就是一个集成体，其中的组成元素即为集成单元。②集成模式。集成模式是指集成单元之间的相互联系的方式，它反映了集成单元之间物质、信息和能量交换关系。③集成界面。集成界面是集成单元之间的接触方式和机制的总和，或者说是集成单元之间、集成体与环境之间物质、信息与能量传导的媒介、通道或载体，是集成关系形成和发展的基础。集成界面的形成是由集成单元的性质决定的，界面性能的高低，直接影响到集成体的功能的发挥。④集成条件。集成条件是集成单元集合成为一个有机集成体的基础和前提。⑤集成环境。集成环境是在集成过程中对集成要素形成有效集成体的影响的内外部因素。

2. 现代物流系统的集成化

由传统物流到现代物流转化的一个突出特点就是物流系统的集成化，现代物流装备、现代物流信息技术、互联网技术、物流标准化等技术的发展，以及物流市场的全球化和物流产业管理模式的创新为物流系统的集成化创造了条件。

物流系统集成化首先需要物流管理理念和经营模式的创新，以系统思想指导，统合各种有效的运行机制，引入企业资源规划、客户关系管理、供应链管理、价值链管理和业务流程重组等现代管理理念。系统集成中物流要素的整合需要打破界限，充分利用各种资源条件，同时要适应环境变化。

现代物流系统的集成主要有：①技术集成。如开发或引入新技术、改善技术接口、实现技术融合和标准化、搭建集成化技术平台。主要包括通信技术、定位与导航技术、载运与装卸技术和调度技术的集成。②流程集成。依据业务分工、时序关系、时空条件和管理工作流，对物流过程的作业环节进行简化、协调、整合和创新，以实现整个物流流程的经济性、完整性和效率化。③信息集成。信息集成的目的是通过收集、分类、识别、汇总、传递、跟踪、查询等基本环节及大数据统计分析、知识挖掘和智能化处理的整合，来实现快速、有效的信息共享。集成的信息覆盖物流系统的整个过程和所有资源，如生产信息、供货信息、销售信息、交通信息、成本信息与控制信息等。④组织重组。是指打破原有的组织边界，建立新的业务分工，对人员、部门和管理机构进行内部整合、重组，或通过企业联合建立更高效的跨企业组织系统。⑤环境集成。包括外部相关法规、政策、管理体制的规范化，交通设施和交通环境的配套，市场机制的完善及部分机制的内部化整合等。①

系统集成是多种形式集成的系统设计过程，也是系统磨合的过程，物流系统管理的集成化具有联动性，矛盾、冲突是避免不了的，需要通盘考虑、整体协同、一体化设计。

三 物流协同论
(一) 协同学理论

"协同"即系统的协同作用。这里的系统是指开放系统（通常是开放的复杂系统），系统的协同作用产生协同效应，其核心就是经过临界点的质变使系统从无序变为有序，从混沌中产生某种稳定结构。协同学就是研究这一现象的系统科学理论分支之一，它最先由德国理论物理学家哈肯创立，主要研究远离平衡态的开放系统在与环境有物质或能量交换的情况下，如何通过自身内部的非线性协同作用，从无序状态自发地演化出时间、空间和功能上的新的有序结构。

在协同学看来，不同的开放系统都能通过自组织实现系统从无序到有序的演化，而且这一过程在非平衡相变的演化中都具有惊人的类似性。由此，作为系统的一般性理论，它的目的就是探索系统演化的统一规律。协同学的原理具有一定的普适性，诸如经济系统、社会系统、自然生态系统都可以得到它的解释。这也是人们普

---

① 海峰：《管理集成论》，经济管理出版社2003年版，第112—123页。

遍运用协同学原理探索各自系统规律的基本原因。就研究理论而言，协同学也同样汲取了大量的其他领域科学成果。物流系统也是开放性的复杂系统，它的发展与一般的复杂系统有一定的相似性，自然可以借用协同学理论来研究。

1. 协同学的主要概念

（1）序参量。动态的开放系统呈现出不同的有序或无序性的构型，即子系统间具有不同聚集状态，称为系统的"相"。系统的相变是一种质的突变。相变是由系统内存在的两种运动引发的，这两种运动分别是子系统自发的无规则的独立运动和子系统间关联而形成的协同运动，二者相互作用并随着系统外部控制参量的变化而此消彼长。在临界点前，协同运动不能束缚独立运动，即子系统无规则的独立运动占主导，此时系统呈现无序状态；当达到控制参量的"阈值"即系统临界点时，协同运动起主导作用，系统出现了宏观的相变，形成新的有序构型。为了标定系统相变这种突发的临界现象，哈肯将系统控制参量称为"序参量"。序参量表示系统的有序结构和类型，并能指示出系统新结构的形成，是子系统介入协同运动程度的集中体现。

协同学研究的是由大量子系统构成的系统的宏观行为，而序参量就是描述系统宏观有序度或宏观模式的参量；序参量是系统内部动因的结果，是微观子系统集体运动的产物、合作效应的表征和度量；序参量是通过各个部分的协同作用产生的，它一旦形成，便成为系统的控制中心，此时少数序参量支配着各子系统及其参量，支配和规定着各种微观子系统的有序状态、结构性能以及有序度的变化；各种子系统及其参量的共同作用形成序参量，而某些子系统及其参量又可以成长为决定整个系统秩序的新模式而变成起支配作用的序参量。

（2）涨落。在复杂系统中总存在子系统无规则的独立运动，子系统的独立运动以及它们间各种可能产生的局部耦合，加上环境条件的随机波动等，都反映在系统的宏观量的瞬时值经常会偏离它的平均值而出现的起伏上，这种偏离平均值的起伏现象就叫涨落。

　　涨落是偶然的、杂乱无章的、随机的，其结果又是不确定的。当系统处于稳定状态时，这种涨落的幅度与宏观量相比很小，并且衰减得快，因此常常可以忽略。然而，随着外部控制力的驱动，系统开始进入某个临界状态。此时，两种运动也使得系统进入不稳定的、混乱无序的、随机的均势阶段，子系统间的各种可能的耦合相当活跃，而且这些局部耦合所形成的涨落不断冲击着系统，并随系统的无序和混乱而随机演化，系统可能在这种对称破缺中发生转变。未来的系统可能出现两种不同的情况。若涨落得到其他大多数子系统的响应，使之由局部波及系统，被放大为推动系统进入新的有序状态的巨涨落，则这种涨落的内容就是出现在临界无阻尼的慢弛豫变量——序参量。否则，得不到其他大多数子系统响应的涨落因阻尼大而很快衰减下去，成为快弛豫变量。

　　在一定环境中，开放系统的涨落是形成有序结构的动力，涨落是有序之源。系统临界态时微小的无规则随机独立运动所形成的临界涨落，使系统可能越过势垒，向附近势能更低或概率更大的状态发展，由此系统就发生了由局部微涨落到系统宏观的相变，而这种涨落也随之转变为支配系统的新的序参量，而一旦序参量出现并形成，就意味着序参量与其他参量的支配和合作关系确定了。

　　（3）自组织。通过与环境的能量、物质和信息交换，开放系统的内部自身组织起来，并通过各种形式的信息反馈来控制和强化这种组织的结构称为自组织结构。自组织，就是通过低层次客体的局域的相互作用而形成的高层次的、结构和功能有序模式的、不由外部特定干预和内部控制者指令的自发过程，由此而形成的有序的较为复杂的系统称为自组织系统。

　　自组织理论是协同学的核心理论。在协同系统中，序参量是通过自组织状态来维持的。在系统中，序参量随时间的发展有其自身的发展规律，同时，序参量的变化又支配着其他参量。当然，其他参量的变化也会影响序参量，使序参量的大小出现一些波动，但序参量对其他参量的作用，总是通过正反馈来加强它自身直到饱和为止。子系统间的不同关联和耦合形式的不同，体现在序参量对子系统的反馈控制的不同机理上，但由序参量支配子系统、支配有序结构、支配自组织的规律是一样的。外界以无规则的形式给系统提供能量和物质，然而自组织结构能够把这些无规则的能量和物质转变为有序的形式。哈肯认为系统自组织取决于少数序参量，涨落在系统结构演化中可以发挥必不可少的关键作用，涨落是系统演化的诱因，没有涨落，系统就无法达到新的有序结构，也就不可能成长进化。

当系统趋近临界点时，子系统发生关联，形成合作关系，协同行动，导致序参量的出现。系统内部诱发而形成的序参量是描述系统整体行为的宏观参量。各子系统及其参量与序参量之间的合作、竞争和转换，生动地描述了系统中非平衡相变的过程，而这一过程正是系统的自组织过程。

2. 协同学的支配原理

协同学认为，系统内部的各种子系统、要素或参量的性质和对系统的影响是有差异的、不平衡的，一个远离平衡态的开放系统，当外参量的变化使系统达到某个临界点时，系统的状态或结构就会失稳，其内部各子系统及其参量的地位、作用、能量、力量、寿命的分布情况都会发生剧烈的改变，形成两类不同性质的系统参量及其对应的系统状态，即快弛豫参量与稳定模、慢弛豫参量与非稳定模。一般来说，少数的慢弛豫参量的变化决定了系统的相变，而多数的快弛豫参量如何变化却与相变无关，快弛豫参量本身的变化要受到少数慢弛豫参量的支配，这就是协同学的支配原理。

支配原理只是说明了协同系统在临界点附近发生相变时所遵从的规律，即有序结构是由少数几个慢变量决定的，慢变量主宰着系统演化进程，支配着快变量的行为，快变量跟随慢变量的变化而变化。协同学的序参量方程正是通过复杂问题的简化，以少数慢弛豫参量所表达的协同系统支配与演化规律。在远离相变的临界点时，系统状态的变化不仅取决于慢弛豫参量，也与快弛豫参量有关，描述系统的运动要同时考虑两类参量，而不能消去快弛豫参量。

（二）物流系统的协同机制与协同管理

1. 物流系统的协同机制

物流系统是一个开放系统，它的服务本质决定了其开放性，系统内部及与外界存在物质、信息、人力、资本、技术等诸多要素流的全面交换；物流系统是一个多主体系统，由众多企业、机构和人员组成，主体的"经济人"行为成为系统运行的根本动力；物流系统是一个非线性系统，系统内部各要素间并不是简单的线性叠加，而是存在相互关联、协同和耦合的非线性作用机制，内部主体之间的合作、竞争引发系统的变化，可以形成新的整体效应并产生新的结构和功能。物流系统的这些基本特征使得它成为一个不断演化的动态协同系统。

物流系统的协同机制主要体现在系统内部涨落和自组织演化两个方面。

（1）物流系统内部涨落。主体是涨落的动力之源，物流系统内要素关系结构、流动特征与运行方式均由主体行为导致，各个主体除简单的分工协作之外，往往在特定的时空中还形成错综复杂的相互作用关系，竞争与合作是常态，系统内部涨落也高度依赖于主体行为。物流系统涨落主要表现在主体内部及主体间结构和行为变化，如企业组织系统的改变、企业物流业务重组、企业间协作关系的调整、企业经营模式的创新、个别企业的进出、企业联盟的形成、企业空间格局的变化等。涨落可导致系统失稳。虽然一般情况的涨落只是短时波动，不会对宏观状况产生影响，但因为处于临界点附近，加上内外因素的共同作用，其涨落可能被不稳定的系统放大，引发连锁反应，某些涨落演化成新的序参量，最后促使系统达到新的宏观状态，即系统跃入新的稳定的有序态。例如，物流企业的业务剥离与外包改变了其原有一体化经营模式，由此衍生出物流企业服务平台，企业的自主区位选择以及企业间分工协作可以改变空间物流系统，集聚成物流园区。

（2）物流系统自组织演化。物流系统内部主体的行为是自发的，由"经济人"的本性决定，即使像物流园区这种经常由政府预先圈定的空间经济形态，其中的基本运行机制还是市场机制，企业的自主性仍然是其自组织演化的根本。物流系统中主体基于自身的目的，遵循经济规律，自主决策、自我控制和独立执行，并依据分工网络和业务关联与其他主体发生物质、经济、技术、信息等多重联系，通过合作、竞争和反馈、协同，在适应环境过程中成长、进化，与此同时，实现物流系统在复杂多变的动态环境下从无序到有序的演化。

物流系统的形成与发展就是适应外部环境的专业化自组织演化的过程。例如，现代工业物流系统是从企业物流开始的，原初只是企业内部的生产物流环节。随着外部物流市场的扩大、企业空间的扩张，为了节约成本、提高效率，工业企业开始自主进行业务剥离，由此从企业生产系统中分化衍生出独立的物流企业，开始按照社会分工为众多工业生产企业提供服务，独立实现物流的基本职能。物流企业是物流产业的主体，它的产生是物流产业形成的前提。在物流产业形成的初期，物流企业仅仅完成基本的物流业务，部分功能尚未完全实现内部化。随着市场的扩展，加上物流技术快速发展以及物流功能的不断完善和专业化，于是，通过继续剥离物流业务和集结各种先进技术，开始由第三方企业或机构完成部分物流作业的服务，形成物流服务平台。物流服务平台的出现，表明物流产业具备了现代物流的雏形。随着全球化市场的扩展和物流基础设施、现代相关技术的快速进步，小范围、局域性的物流已经不适合时代的需求，物流产业因此得到了空前发展。现代物流产业发展的重要标志就是物流产业集群及物流园区的出现。物流产业集群和物流园区是以物流企业为主导的经济空间演化的自组织形态，它和第三方、第四方物流等运行机制一起，改变了传统的管理模式，实现了物流产业的协同和融合。

总之，主体行为是物流系统演化的序参量，物流企业在物流系统发展的不同阶段以不同的方式改变着系统的业务分工、组织结构、空间形态和经营模式。物流系统的自组织演化是物流产业发展的根本，它是分工协作、组织协调、技术进步和空间分异的结果，是一个不断打破重建而向更高级、更复杂系统进化的过程，其中的每一阶段都形成了特定的系统有序态。

2. 物流系统的协同管理

物流系统是由运输、储存、装卸、包装、流通加工、配送、信息处理等多个独立但又相互联系的众多子系统的相关活动、相互作用构成的有机整体。物流系统的协同管理就是为了获得协同效应，通过内部物流子系统之间的有机整合，把局部资源、个体行为、单一组织集成为既相互独立又高度融合的功能系统，并通过系统与环境之间的协调适应，发挥整体功能，实现物流系统的整体目标。所谓协同效应，是指子系统整合后的整体增值效果，即"$1+1>2$"的系统集成效应。

协同管理是管理的高级形态，往往具有功能一体化、组织网络化、技术标准化、管理平台化、行为协调化、空间集聚化等特点，关键是关系和谐、目标一致、整体协同。协同管理之下的物流系统是相对独立的物流企业及相关者通过协同运作共同组建的开放的物流系统，可以在系统中充分实现物流基础设施、物流组织、物流技术、物流信息等各种资源和管理经验、运行模式的共享，共同分担风险。协同管理就是要打破物流资源之间的各种壁垒，使它们为共同的目标而进行协调，通过对各种资源最大的开发、利用和整合以充分达成一致的增值目标。在协同运作中，利益冲突和竞争不可避免，但合作是主流，协同管理机制的设计就在于处理好主体关系，调动局部的积极性，形成整体增益。

第四节　物流园区的生态学理论

一　生态系统与生态学
（一）生态与生态系统

"生态"一词源于古希腊字，意思是指家或者我们的环境，生态学中的生态（Ecological）一般指在一定的自然环境中生物及其群体的生存状态，以及生物的生理特性和生活习性等。现代的生态概念已经发生了很大改变，指称的对象已不仅是生物，已经泛化为各种事物，其环境也自然随之改变，而生态观、生态思想和生态学理论也逐渐演变，并不断地扩大其适用对象，衍生出庞杂的生态科学知识体系。

随着人类社会和科学技术的发展，生态问题与生态学已经成为普适性的议题。一方面，人类生存与自然环境的变化密切相关，而工业社会以来人类对地球环境的破坏日益严重，造成了严重的生态危机；另一方面，人类越来越认识到生态学思想、理论与系统科学一样，可以成为人类对于世界的普遍知识，它不仅可以解释有机生命系统，还可以很好地解释非生命系统，诸如企业生态、政治生态等。本节的议题显然也是经典生态学的扩展。

传统的生态系统是指在一定空间范围内，由生物群落与其环境所组成的，具有一定格局，借助于功能流（物种流、能量流、物质流、信息流和价值流）而形成的稳态系统。组成要素、空间、结构、功能、过程和尺度往往是认识生态系统的几个关键词。生态系统的成分可概括为非生物和生物两大部分，进而也可分为非生物环境、生产者、消费者和分解者四种基本成分。每一个生态系统都有特定的地域空间，生态学就是在这种空间域中成立的。结构是系统的基本属性，生态系统也一样，营养结构是生态系统稳定性的基础，层级结构是生态系统有序性特征，结构往往决定功能。系统中的各种功能流的流转是生态机能的体现，特别地，反馈是生态系统的固有特性，也是其基本功能，生态系统的负反馈机制是生态平衡的核心，适应和调控往往是一个正常生态系统的基本机能。动态过程是生态系统功能实现的样态，生命体的成长与进化、群落生态系统的空间演替等都是功能实现的过程。时空尺度是生态学解读的分异界面，"尺度推绎"就是不同尺度系统信息和规律的合理类推。①

通常的生态系统一般指人类赖以生存的地球生态系统及其各类生态子系统，如陆地生态系统、海洋生态系统、森林生态系统等。

---

① 蔡晓明：《生态系统生态学》，北京大学出版社 2000 年版，第 78—82 页。

如今，地球上纯粹的自然生态系统几乎不存在，更多的是人类干预（干扰或破坏等）的自然生态系统，乃至人工生态系统或仿生的生态系统。

（二）生态学

简单地说，生态学是研究生命系统与其环境（包括非生物环境和生物环境）的相互关系，以及生态系统的结构、功能和演化过程的科学。生命系统的层次和边界随生物个体、生物种群、生物群落、生物圈依次递增，非生物环境是指光、温、水、营养物等理化因素，生物环境则是同种和异种的其他有机体。现代生态学覆盖了所有的生命系统，形成了由众多的分支组成的庞大的学科体系。

生态学源于生物学，原属宏观生物学范畴，但现代生态学历经微观和宏观两个向度的扩展，已经覆盖了基因、细胞、器官、有机体、种群、群落、生态系统等几乎所有的生命层面。尽管如此，生态学的基本内涵却没有本质变化。

（三）生态学方法论[①]

人类的生态观念是建立在对生态系统结构与功能的认知基础之上的，生态思想指示人们要用和谐的生态观去认识世界和改造世界，生态学就是认识和改造世界的基本知识，它的理论和方法已经渗透到众多学科之中，成为具有方法论意义的知识体系。

生态学以生态论为方法论基础。生态论是继神论、机械论、系统论之后的一种认识论。生态论的核心思想是系统的"生命"观念，认为任何系统都可以被看作一个"生命体"，它不仅仅具有系统论中所具有的特性，还具有一定"生命"特征，如生命周期性、代谢性、进化性等。系统科学与生态科学是相通的，二者涉及的很多问题都具有内在一致性，所不同的主要是对构成系统的要素的理解上，前者没有特殊的规定，而后者则重点强调了其"生命"属性。关于什么是生命，人们可以有不同的认知，代表性的解释是，

---

① 参见张国庆《生态论：复杂系统研究》（电子书），张国庆的新浪博客 2013 年，第 391—395 页。

具有新陈代谢机能的有机体，即生物。抛开其实体意义，我们可以从功能上做合理的类推，由此就会看到，大凡具有生命属性的事物，都能在系统科学中找到其对应物，如它的新陈代谢在系统中即是开放环境下系统要素与外界环境的输入输出。生命体的生命周期性、成长性和进化性在系统科学中也经常存在，如企业就具有这些属性。所以，系统科学与生态科学的知识是相互贯通的，具有很强的统一性。

生态学方法论以生态论为核心，是生命观、系统观和协同进化观的统合，它以生态论和系统论为基本思想，从研究对象的生命特征入手，分析其成长、消亡与再生，以及代谢、进化等生命过程及其与环境的关系。生态学的一些具体分析方法，如代谢分析、生命周期分析、生态场分析、竞争行为分析、能流分析、生态适应分析、多样性分析，以及系统健康评价、生态景观评价等，都是生态学方法论的具体体现。

二 生态学基本理论

生态学理论有许多，常见的有生态因子理论（耐受性理论）、生态位理论、关键种理论、生物多样性理论、食物链和食物网理论、协同进化理论等。这里只简要介绍与本课题有关的生态因子理论、生态位理论、共生理论。

（一）生态因子与生态场理论

1. 生态因子的概念和特征

在环境中，影响生物的因素很多，生态学中把它们称为因子。根据对生物的影响程度，这些因子一般可分为三种类型：①环境因子。生态学将环境解释为生物有机体周围所有相关的要素集合，而其中的每一个要素都是一个环境因子。生物具有环境依附性，生物环境因子几乎涉及所有的环境因素，包括生物和非生物两类，生物因子包括可以作为食物的动植物、具有竞争关系的其他生物等，非生物因子包括阳光、土壤、水分、地理、空气、温度、湿度等，这些因子作用机理和影响程度各不相同。②生态因子。生态因子也被称为生物的生存条件，指能够明显影响生物有机体的那些环境因子。③限制因子。在生态因子中，能够阻止生物的生长、繁衍、扩散及接近或者超过生物的耐受性极限的因素就是限制因子。

显然，这三种因子之间具有包含关系，对于研究者来说主要关注的是生态因子，特别关注的是决定生物生存命运的限制因子。

生态因子具有综合性、非等价性、非替代性和互补性，以及阶段限定性特征，这些特征也是判别一个环境因子是否成为生态因子的依据。所谓综合性，即指由于各生态因子间的相互制约、相互影响，其效果是诸因子共同作用的综合结果。所谓非等价性，即指各生态因子对生物的作用程度是非等价的，其中存在若干个主导因子，在主导因子起主要作用的同时，往往还会引起其他因子的变化。所谓非替代性，即指各生态因子都是不可缺少的。然而，某些生态因子可以调节与弥补其他生态因子的数量不足所造成的影响，这就是互补性。所谓阶段限定性，即指生态因子在生物的不同生长发育阶段的影响通常是不完全相同的，所以只能就特定阶段来解释。

2. 生态因子的作用规律

（1）生物与生态因子之间的交互作用。生态因子对生物具有支持与限制的不同影响，生物需要适应其特定的环境，但生物也有反作用，部分生物可以自主选择环境或一定程度地改变环境。

（2）生态因子的综合作用。生态因子间不可替代，它们相互依存、相互作用，共同构成生物的生境，而且多变的各种生态因子的综合影响具有多样性。

（3）耐受性定律。每个生物都有自身耐受的限度和一定的环境最适度，对应于各个生态因子就是存在适于生物生存的最大量与最小量，尤其是限制因子，超出阈值就意味着生物生命过程受到很大影响，甚至会导致生物死亡。

（4）主导作用。生物需要各种生态因子，但主导因子起着决定其生长与发育的主要作用。

值得注意的是，在生物生命过程中，生态因子的变化可能会出现各种结果，如不同阶段会产生或除去某个生态因子，一般的生态因子与限制因子可能会发生转化，某个生态因子超出阈值可能会使其影响走向反面等。

3. 生态场

将物理学"场"的原理、方法引入生态学的研究中，探求生物间以及生物与环境间相互作用的机制与规律是一种很好的途径，这就是生态场理论。生态场是指生物生命活动所引起的有关生态因子空间分布的不均匀性，并由此产生的综合生态效应的空间分布。生态场是由生物体特有的生命活动所导致，即生物体是生态场的场源，正是由于生物体的作用才有了生态场；生态场实质上是由相关的生态因子所形成的生态因子场，即在生物的生命活动影响下若干生态因子所形成的变化及其空间分布；生态场以生态效应强度为场强指标，它是各个生态因子场的生态效应系数在同一空间耦合的结果。

生态场是以生态因子复合场的方式表示生物体活动对其小生境的影响，由此可以描述生物体活动的空间边际效应及其对环境和其他生物的作用。

生态场具有物质性、可叠加性、可测定性等特征，它在理论上通常以各种场模型来表示其生态场强度、生态场梯度、生态势、生态场的作用范围等。

（二）生态位理论

1. 生态位概念

生态位是生态学重要的基本概念，生态位理论在物种间的竞争、共生、适应性和优势度分析，以及群落结构多样性、生态位策略分析等的研究中都得到了广泛的应用。生态位是物种利用资源和生存能力的表征，它又是一个比较抽象的概念，对生态位的解释存在差异，如有空间生态位、营养生态位或功能生态位、多维超体积生态位、基础生态位、实现生态位和潜在生态位等各种解读。生态位一个较完整的解释是，生态位是指一个物种或生物单元在特定的时空生态系统中的地位、与相关物种间的关系（功能关系、竞争关系等）以及维持其生存繁衍所需资源条件的总称。

2．生态位的测度

生态位测度就是生态位的度量和量化，主要有四种。

（1）生态位宽度。生态位宽度表示物种对资源开发利用的测度，是指一个物种或其他生物单位所利用的各种不同资源的总和。一个物种生态位宽度越宽，其特化程度越低，对资源供给变化的适应性越强。同一物种的生态位宽度会随自身的演变和环境资源状况的变化而发生改变，是生态适应的结果。具体测度生态位宽度的指标有 Levins 指数、资源利用频数等。

（2）生态位重叠。当多个物种共用同一资源或共同占有其他环境变量时，就发生了生态位重叠现象。生态位在某个维度上重叠较大或完全重叠时，由于资源的稀缺性就会导致竞争，生态位重叠越多，竞争就越强。完全的竞争者不能共存，这就是竞争排斥。生态位重叠竞争的结果常出现物种的生态位分离现象，如某些物种的食性改变。具体测度生态位重叠的指标有 Morisita - Horn 指数、Petraitis 特定重叠指数等。

（3）生态位的"态"和"势"。"态"和"势"是生物单元的两个属性。"态"即生物单元的现实状态，它是生命过程积累的结果，可以由若干状态变量表示，如物种的个体数量、资源占有量等；"势"则指生物单元对环境产生的支配力或者对现实的影响力，可以由类似势场的变量来表示，如引力与斥力、空间密度等。二者是意义相近和彼此关联的概念，往往态是势的基础，而势又是维持态的能力，生态位的态势是生物单元获取竞争优势的重要条件。

（4）生态位适应度。它是物种对环境的适合性测度，是指物种的现实环境条件和最适合的环境生存条件间的接近程度。生态位适应度越大，环境提供给物种的资源条件越好，生物就越适合生存。

3．生态位理论

（1）生态位的分离。在同一生态群落中，一般不同物种的生态位是可区分开的，这种现象就是所谓生态位分离。生态位分离可使各种资源得到充分利用，同时又避免了生态位重叠所引发的竞争，有利于实现彼此的共存。

（2）竞争排斥原理。竞争是指共同利用有限资源的个体间的相互作用，它会降低竞争个体间的适合度。竞争分为种间竞争和种内竞争，两者都是物种为争夺空间和资源产生的生态位竞争，生态位重叠越多，竞争就越激烈。种内竞争会导致种群个体数量减少，而种间竞争常是一方取得优势而直接或间接抑制对方。用竞争排斥原理来解释，就是在一个稳定的环境内，两个以上受资源限制的但具有相同资源利用方式的种，不能长期共存在一起，即生态位相同的两个物种或完全的竞争者，不能长期共存。

（3）生态位的调控。生态位调控是实现生态平衡的基本途径。自然生态系统内部具有自我调控机制，其原理就是动态系统的负反馈，它维持着生态系统的相对稳定状态。生态空间中某些自然环境条件的改变直接影响生物种群的结构，其生态选择的结果就是适合于生态位变化的物种得到保留，不适合的则被淘汰。生物也可以在外部环境改变的压力下，通过生态位的变异被动地适应环境。

（三）共生理论

共生是生物界一种常见的现象。德国生物学家德贝里最早提出生物共生理论，他将共生解释为不同种属按某种物质联系生活在一起，形成共同生存、协同进化或者抑制的关系。事实上，共生也普遍存在于非生物界，如经济领域企业间的分工协作形成的共生体是经济常态。为此，袁纯清做了较完整的解释："共生是指共生单元之间在一定共生环境中按某种共生模式形成的关系。"

一个共生体的形成需要三个基本要素，即共生单元、共生模式及共生环境。共生单元是可以进行生产和交换的基本单位，共生体能够出现的原因主要是共生单元所创造的基本物质条件。共生模式（或称共生关系）是指不同共生单元之间的作用，它揭示出该作用的方式和程度以及共生单元是怎样进行物质和能量交换的。共生模式可以分为两种，即共生组织模式和共生行为模式。前者揭示出共生的组织性，包括点共生、间歇共生、连续共生、一体化共生几种类型；后者揭示出共生的行动方式，包括寄生、偏利共生、非对称互惠共生、对称互惠共生几种类型。共生环境是所有不属于共生单元的因素的统称。

生物界的共生一般发生在生物种之间，是种间常见的生存关系。种间关系除此之外还有竞争、捕食关系。

三　物流园区的生态学研究

（一）物流园区生态学同构

如前所述，生态系统是指在一定空间范围内，由生物群落与其环境组成，具有一定格局，借助于功能流（物种流、能量流、物质流、信息流和价值流）而形成的稳态系统。将物流园区与之比较，可以发现二者有如下几个共同点。

（1）二者都是以"生命体"为主体。物流园区中的企业是人本经济实体，企业的行为本质上是人的行为，而且由行为生态学的知识可知人的经济行为与生物的生态行为在很多方面具有同一性；生态系统中的生物群落等同于物流园区中不同功能的企业，每一种企业都相当于一个生物物种；企业之间的竞争与合作等经济关系类比于生物个体或种群之间的竞争与共生等生态关系；企业与生物体都有生命周期和成长、进化过程。

（2）二者都具有空间性，都是"环境生物"。物流园区与一定的空间相关联，呈现明显的地域特征；在确定的地理空间中集聚众多的企业，形成企业群落，它们各有自己的环境因子，取位于自己的生态位；物流空间内企业间及其与外部环境间的多种要素流动与生态系统的功能流性质相同。

（3）二者结构、功能和行为上具有相似性。物流园区中的分工结构与生态系统中的食性结构相似，供应链、企业网络组织和企业集群与生态系统的对等物分别是食物链、食物网（或生态网络）和生物群落。物流园区的功能是多样的，基本功能就是物质的流转，它与生物代谢类似。企业的空间选择、空间竞争和企业集群的空间演化也都与生态系统相类似。

当然，二者差异也是存在的，它们是两个不同性质的系统，一个是人工经济系统，另一个是自然生态系统。此外，如信息的作用、经济主体的能动性、运行机制和人工创造等方面的差异会给生态学的简单套用带来麻烦。尽管如此，根据二者的高度相似性，选择生态学进行物流园区仿生研究仍然是有意义的尝试，相关研究业已证明了其可行性。

（二）物流园区生态分析

将物流园区类比成生态系统进而运用生态学的思想方法来研究会涉及很多有趣的议题，这里仅就两个问题做简略分析。

1. 物流园区企业生态位

每个企业都生存在由自然、经济、社会、文化等因素构成的生态环境中，在所处企业生态系统中也有其位置，这就是企业生态位。但与生物不同，企业是经济主体，它更具有自主性和能动性，其行为具有明确的目标，决策也是基于理性的选择，所以对于企业来说，生态位是其自主行为的结果，企业有意愿也有一定能力做出自己的生态定位，并以相应的生态位策略参与竞争和合作。这也正是研究企业生态位的意义所在。

物流企业生态位是指一个企业在特定的时空生态系统中的地位、与相关物种间的关系（功能关系、竞争关系等）以及维持其生存繁衍所需资源条件的总称。通常将企业生态位分为两种，即基础生态位和实现生态位。在资源充足、没有竞争的理想状态下，企业可以充分占据的生态位即为基础生态位；在资源不足、存在竞争的实际状态下，与其他经济体相互作用所形成的生态位则为实现生态位。显然，实现生态位是包含于基础生态位中的。企业生态位的确定过程是企业对生存资源的占有过程，即是一种企业的生存竞争。

物流企业拥有和控制的资源状况，以及对外界环境的适应性和拓展资源的能力是其经济活动的基础。企业生态位上的资源可以分为内部资源和外部资源。企业的内部资源包括企业拥有的物质、资金、技术、信息、管理、人力、文化、业务等，企业的外资源包括自然、基础设施、客户、供应商、政治、法律、社会等外部环境及需求等。企业内外资源的多样性和丰富度反映其生态位宽度，生态位宽度越大说明企业适应性越强，间接说明企业竞争力越强。同样，物流企业与其他企业的生态位重叠大小反映了其竞争压力。显然，同一性质的企业，由于物流业务活动高度重叠，之间的竞争很强，会出现严重的竞争排斥现象。

在物流园区，企业或机构一般可以共享很多公共资源，如基础设施、物流信息、管理经验、法律制度、公共政策、经营模式等，显然，相关的生态位重叠并不必然引发激烈的竞争。究其原因主要有：一是某些资源本身就是公共产品，不具有排他性；二是部分资源如无形资产，不因为使用而变得稀缺；三是某些资源因供给充足，尚未达到其使用限度；四是各种协作而使得生态位资源的获取由内部机制执行，而不是采取竞争方式。所以，一般企业竞争还是关注那些现实稀缺而又发生生态位重叠的资源。

基于生态位的物流企业经济行为主要有如下三种情形：①稀缺资源且生态位重叠，发生生态位竞争。此时的企业行为策略可以有多种，如可以通过改换业务、客户、另寻替代资源等方式实现生态位分离或移位，消除或减少重叠，以规避发生激烈竞争；可以应急增补某种资源，降低竞争强度；可以通过时空错位经营，减轻临时局部竞争压力；寻找可替代的资源；等等。②合作状态下的生态位重叠，没有竞争。此时，物流企业之间还会出现不同的协作形式和适宜的组织形态，如由分工形成的两个企业业务交接而发生一些生态位重叠，这时重叠的生态位资源由业务分工机制协调；再如企业联盟、空间集聚、物流服务平台化等不同的运营方式都会改变原有企业的生态位结构，实现生态位资源的重组、共享和剥离，这些都不是在竞争下完成的，但却收到了很好的效果。③不同的生态位资源的集成运作。分散在各个主体处不同的生态位资源彼此间不存在竞争性，它们在没有组合在一起时也不会出现集成效应，甚至因主体分隔而闲置不用。整合这些资源，发挥其应有的效能，就需要进行多主体的生态位组合，实现资源跨组织流动。它同样也可能带来企业组织的改变。

除此之外，企业的生态位管理与决策还包括企业生态位开发与更新、生态位的替代、企业生态位异化等。可见，生态位之上不只是竞争排斥，更有各种合作共赢。物流园区中的企业行为方式是多样的、灵活的，企业可以根据资源状况做相应的生态位调控，即通过企业间分工协作、业务重组、组织协调等方式充分利用各种资源，争取最佳经济效果。

2. 物流园区中企业的协同进化

物流园区中的企业集结在一起，企业之间彼此关联，形成一个开放的企业共生系统。企业的进化是在与相关企业竞争、合作中实现的，本质上是适应性协同进化，但企业的协同进化与自然生态系统中的协同进化不尽相同。企业进化的是企业的自主行为，是生态适应下的自主创新的结果，而且其选择机制也与自然界不完全一样，它是环境选择与企业自主选择的结合，或者说主要是自主选择。企业是一个人工系统，而非自然形成的生命系统，它的"经济人"属性规定了进化的方向，人拥有对企业一切事物的决策权和控制权，企业是按照人的意志成长、进化的。导致企业进化的诱因既可能是来自协同对象企业的行为，也可能是外部环境的胁迫，抑或是自身发展的需要。

通常企业进化的形式有：①组织。主要是企业组织结构、组织形态的进化，如由金字塔式到网络式、由单体企业到企业网络、物流园区、企业并购等。②制度。主要是产权制度、治理结构等变化。③技术。主要是生产方式、技术系统的改变，如由机械化到智能化。④管理模式。可能是整体运行模式的创新，也可能只是其中某一方面或若干方面的质变。

物流园区企业进化的诱因有：①企业间竞争。企业生态位重叠引发企业之间的竞争，激烈的竞争可能导致进化主体的生态位变异，如竞争导致新生态位资源、新市场的开发等。②企业间合作。合作虽没有竞争压力，但有带动力，也可引致企业进化，如联合开发新技术。③环境胁迫。竞争者和合作者都属于企业环境，那么这里的环境排除前面两个。环境胁迫往往是企业进化的主因，某些重要环境因素的突变迫使企业做适应性改变，如产业政策的改变、市场的重大变化等。④自主创新。企业主动创新而非被动适应，这是企业能动性的体现，往往形成先发优势。

第二章　物流园区发展形态

　　物流园区的发展表现为不同形态，而形态的多样性使物流园区协同发展的研究更具必要性和紧迫性。本章从宏观层面将物流园区的形态做出划分，从物流园区的空间形态、物流园区的功能形态和物流园区的协作形态出发，对物流园区发展形态进行阐述。

第一节　物流园区空间形态

　　人们通常所说的形态具有空间、多样、可感、变通等属性，因此，对于形态的理解远远超出某一学科的范畴，而是建立在诸多学科交叉基础上的概念意涵。空间作为一种物质的存在形式，是一个与时间密不可分的概念。空间形态作为形态的一个属性的分类，是实体形态与虚拟形态的综合体。物流园区空间形态既包括实体形态，又包括虚拟形态。实体形态包括物流园区空间布局、物流园区场站规划等，虚拟形态包括物流园区发展战略、物流园区商务等。

一　物流园区实体形态

（一）物流园区选址

1. 物流园区选址的原则

　　（1）布局合理性原则。物流园区选址是否合理是物流系统功能实现的关键，且将严重影响到物流园区的整体效益与效率。所以，我们需要从社会、环境等多方面要求考虑，避免增大城市交通压力，减轻物流活动所产生的负面影响。合理的结构布局能够使物流园区的空间、设施、人员、能源得到有效利用。

（2）经济合理性原则。物流园区选择规划成败的关键是能否吸引物流企业，能否为企业发展提供有利的空间。物流园区选址是要充分考虑物流园区的设施共享、功能集成、用地节约等方面。通过对物流资源的整合规划，使得物流设施、设备与物流信息技术可以共享，综合考虑影响物流企业的因素，减少物流园区的建设成本。

（3）环境合理性原则。物流园区建设要遵循区域可持续发展的原则，要坚持绿色低碳，以减轻物流对周围自然环境、交通环境的负面影响。鉴于物流园区一般占地面积大，进出车流量大，噪声污染严重，选址应该远离城市中心，减少对人们的正常工作、生活的影响。此外，在物流园区选址的过程中，气候条件、土壤环境等地理条件也应引起重视。

（4）循序渐进原则。物流园区的选址及建设切不可盲目，要从现实出发，与实际情况相结合，根据园区发展需要合理规划，长短结合，坚持循序渐进的原则，按照事物的发展规律，掌握其现阶段的主要矛盾，从而达到选址合理化。

（5）合理利用原有基础设施与设备原则。物流园区基础设施建设是物流园区投资的重头戏，也是物流园区建设成本的重要组成部分。合理利用现有物流设施设备，既可以减少投资压力，又可以节约能源消耗，体现绿色物流理念。为了提高物流园区内部的工作效率，避免物流设施重复建设，降低物流成本，减少资源浪费，如何合理利用现有的物流设施，已经成为建设符合现代化物流园区的关键问题。

（6）适应区域总体规划的原则。物流园区的选址的首要依据是所在区域的城市总体规划，这就要求物流园区的选址必须与所在城市的总体规划保持一致，既要符合区域整体规划的布局，又要符合区域经济发展的进程，促进地区产业结构的合理化，使整个物流园区与地方经济建设协调发展。

2. 物流园区选址的影响因素分析①

物流园区的合理选址是复杂的系统性工程，在选址决策时通常需要考虑多方面的影响因素。其主要应考虑如下六个因素。

（1）政治因素。稳定的政治环境是物流园区协调发展的重要保障。政治因素首要体现在政局稳定，政策利好且能够保持连续性。政局稳定因素受到政府的执政能力、政府在公众中的拥护程度、政府与公众的互动效率和效果等多方影响，政策方面因素包括宏观经济政策、产业政策、税收政策、环保政策、土地政策、人力资源政策等。

（2）自然因素。在选取地址的过程中，主要应考虑气象因素、地质因素、水文因素等。物流园区所选择的地域应该是地势平坦，土地开阔，地质条件好，具有一定的承重能力，也需要查找当地近几年的水文资料，远离容易发生洪涝的地区，地下水位不能过高等。②

（3）交通因素。在物流园区布局时应尽量靠近交通枢纽，最好有两种或两种以上运输方式相互连接，如靠近交通主干道枢纽、铁路货运枢纽或航空中心、港口中心等，以获得便利的交通运输条件。

（4）技术因素。随着互联网、物联网及电子商务迅速发展，技术因素已经成为影响物流园区未来发展的重要因素之一。物流技术智能化、物流服务个性化，对物流园区的发展将产生重大的影响。如库存技术的成熟降低了库存成本的损耗，信息技术的应用提高了对库存的合理利用。

（5）保障因素。为了更加接近企业、客户的需要，建立更加科学、高效、合理的运营体系，必须建立网络信息共享平台，提高不同环节之间的信息交流。当前，煤、电、水等方面的因素是物流园区运行的必要保障，因此必须考虑煤、电、水等因素。

---

① 高举红：《物流系统规划与设计》，清华大学出版社 2010 年版，第 79 页。
② 伊俊敏：《物流工程》，电子工业出版社 2016 年版，第 99—101 页。

（6）经营因素。物流园区要吸收充足的高素质人力资源，相关、相近的产业要有一定程度的聚集，经营不同产品的物流园区最好能布局在不同的地域。一般的物流园区接近物流服务的需求地，主要是为了节约物流费用，并确保能够实现准时运送，保证客户获得快速、满意的物流服务。

3. 物流园区选址方法

定性分析法和定量分析法是物流园区选址的两大类方法。定性分析主要是指根据经验对所要选择的物流园区的各项评价指标进行选择，根据集体或个人的经验对结果做出判断。定量分析主要是指选择物流园区的各种约束条件，把这些选址的条件转化为适当的数据模型进行分析，最后根据模型的求解结果确定物流园区选址方案。常用的物流园区选址方法如下。

（1）定性方法。①德尔菲法。德尔菲法又称为专家小组法，其方法是：首先，建立专家小组，小组成员包括相关领域的专家、政府部门人员、社会工作者等。其次，向专家提出选址相关问题，专家独立对问题进行判断并给出结论。再次，汇总专家结论，把存在较大分歧的问题重新加以说明，返给专家进行下一轮的研判；然后进一步汇总，直至所有专家对自己的意见不再完善和修正为止。最后，综合专家意见做出选址决策。②优缺点比较法。优缺点比较法是将备选方案，依据设定的考核标准，主观判断特定问题的优缺点。这种方法就事论事，受人为因素影响较大。由于个体知识、经验存在差异性，结果容易出现偏差。如果在此基础上对考核指标赋予相应的权重，进行加权因素评分，可以有效减少决策偏差。

（2）定量方法。①重心法。重心法是建立备选地点的坐标模型，这个模型主要反映运输费用占总费用的百分比率。在物流园区中，入库各种产品的运费是根据产品的供应量、产品的运输距离及货物的运输费率决定的，这就涉及如何根据约束条件，为物流园区选出一个最佳的位置，即运费最小的点。重心法的应用主要是不用设想物流园区将来的效益和物流成本的变动，其主要优点是不限定在具有一定约束条件的可选地点里进行选择，自由度比较大；其缺点是经过计算确定的地点也许是不能实现的或极不容易找到的，确定的地点有时根本不可能建立物流园区。重心法选址主要包括选址模型的假设；设定模型变量；模型的数学计算；最终选定合理的位置。②层次分析法。层析分析法（the analytic hierarchy process，AHP）是一种定性与定量结合的多因素选址的决策方法。先要分析物流园区选址的影响因素，然后通过决策者的经验确定选址中的各个影响因素所占权重大小。层次分析法在目标（因素）结构复杂且缺乏必要的数据情况下更为实用。层次分析法的主要步骤是：首先，确定层次分析法阶梯式的矩阵；其次，构造出各层次中的所有判断矩阵；再次，构造出各层次中的所有判断矩阵；最后，进行检验，最终确定影响因素权重的影响比重。③仿真方法。仿真方法近年来一直被各个学科所应用，主要是因为仿真方法不需要实际建立一个物流园区，而是通过把建立物流园区选址的因素转化成计算机所能识别的模型，进行模拟运算，通过不断地改变各类参数设置或这些参数的组合，找到目标函数中最后的一组参数，最终确定物流园区选址的位置。这类方法是一种动态的计算机模拟，可以节约大量的资源。仿真方法的不足之处在于不能对物流园区选址提出初始方案，必须借助其他的方法找出物流园区选址的一个初始方法，通过仿真的手段确定这个初始方案是否合理，若不合理则调整参数，直到找到一个最优的方案。所以初始方案的好坏会对最终决策结果产生很大影响。目前常用的物流仿真软件有：EM－Plant、Automod、SIMAnimation、FlexSim、ShowFlow等。④模糊聚类法。模糊聚类法是指根据研究对象的自身属性，通过多个指标将样本进行分类，划分为多个子集，再将这些子集归类，性质相同的子集归为一类。并且一定要遵循同一类的子集相似性最大，不同类的子集相似性最小的原则。这种方法可将难以量化的因素归入模型，根据实际情况衡量选址方案的优缺点。

（二）物流园区规划

目前，中国的物流园区建设已经基本形成从东到西、从南到北的全面发展局面。物流园区规划将物流用地进行科学的定位、土地布局和功能布局，合理配置物流设备和设施，合理策划物流园区的经营方略。物流园区在物流的发展过程中占有重要地位。同时，其规划建设有利于政府对区域经济的宏观指导；有利于所在区域的经济发展并推动现代物流业发展，增强中心城市的综合竞争力；有利于科学规划、建设中心城市的物流基础设施等。

1. 物流园区规划的基本原则

在基于经济发展战略的物流园区选址驱动下，物流园区规划必须坚持以下原则。

（1）高起点、现代化原则。物流园区规划是一个高起点的先进和综合的中长期规划，而物流园区具有规模性、功能性和聚集性等特点。因此，规划建设物流园区，需坚持高起点和现代化，通过现代化的物流技术，追随世界物流发展水平，使得物流园区更好、更快地发展。

（2）柔性化原则。在物流园区规划中，不仅要满足目前物流的发展需求，还要适应物流未来发展的战略要求。因此，应柔性规划建设物流园区，并且在规划中不断优化和实施，保证规划最终实现。

（3）系统性原则。规划建设物流园区需从整体进行分析，不仅要让园区自身高效率地运营，还要与城市规划相协调；不仅要从物流园区建设着眼，还要充分考虑区域经济中供应链系统的运作，尽量从物流系统角度产生良性循环。

（4）科学性原则。在物流园区规划建设时，需要和城市总体规划相符合，科学选址；要充分利用现有条件，有效进行资源整合；要科学构建协调统一的内部空间格局；要科学运用设备和技术，提高经济效益。

（5）统一性原则。在物流园区规划时，要从区域经济发展战略出发，科学地进行布局，最大化地整合区域资源，实现优势互补。要统一规划不同的物流区域，打破地区和行业的界限，以符合现代物流发展。

（6）市场化运作原则。应采用"政府搭台、企业唱戏、统一规划、分步实施、完善配套、搞好服务、市场运作"的企业主导型运作模式。规划要在政府的指导下统一实施，运作要坚持市场化，政府的手不宜伸得太长。

2. 物流园区规划的基本要求

（1）符合法律法规，与城市规划相协调。

（2）具有一定的物流产业规模，完善的物流系统功能、完备的物流设施、较高的物流服务水平，能吸引众多物流企业聚集。

（3）具有完善的交通系统设施和管理系统。

（4）具有完善的基础设施。

（5）合理规划，保护环境。

（6）具有信息化的设施。

3. 物流园区规划的方法

（1）MSFLB 法。通过市场分析（market study）、战略定位（strategic positioning）、功能设计（function design）、布局设计（layout design）和商业计划（business plan）的过程来实施。此办法适合大部分的物流园区规划，但是要根据实际情况进行优化。

（2）SLP 法。在物流园区规划建设中，SLP 具有五个基本要素，分别是 P（物流对象）、Q（物流量）、R（物流作业路线）、S（辅助服务部门）、T（物流作业技术水平）。SLP 有两种方法，分别是：依据物流移动的路线和物流的相关性布置的相关图法，以及依据各区域的综合相关表布置的关系表法。

（3）权系数规划法。就是在区域物流园区规划中，规划和评价其主要因素，并与客观赋值法比较，同时建立数学模型，在选定方案后进行优化并应用到实际的规划项目中。此办法能综合考虑各个方案，并从中择优采用，适合建设区域物流园区。

（4）公路交通运输网络规划法。首先根据城市的物流量和分布特征来确定物流园区的选址，然后基于运输网络总成本最低的原则，通过这两个过程来规划公路主枢纽的物流园区规划。

（5）城市设施规划法。将城市交通规划、城市布局规划、城市战略规划等方法，应用于物流园区规划中去。

4. 物流园区规划风险

物流园区规划风险因素有以下八种。

（1）决策风险。决策需根据物流园区项目的可行性和必要性，综合考虑政策环境、市场环境、目标定位和经济需求等，避免盲目建设。决策风险主要来自由市场调查数据不够全面、数据分析错误、战略目标选取不当等因素造成决策不当。

（2）布局规划风险。布局规划风险来源于物流园区的位置、规模、数量和功能等。布局规划不合理，会导致各功能无法满足园区日后扩展的需求，无法实现物流园区资源的有效整合，造成资源浪费，增加建设成本。

（3）自然及环境风险。自然及环境风险是物流园区的潜在风险，主要由气候因素、地质条件、交通条件、各种自然灾害（地震等）及环境因素构成。

（4）政治及社会风险。政治及社会风险主要是政策的变化、政局的不稳定等政治因素和社会背景、风俗习惯等社会因素等带来的风险。

（5）方案评估风险。主要来源于规划方案的评估标准不合理、评估方法不合适、优选方案应变能力欠缺、信息的可靠度低等。

（6）商业计划风险。包括物流园区的组织架构不合理，业务策略不明确，投资收益分析不合理。

（7）信息技术风险。信息技术风险主要来源于信息系统的风险，以及技术因素发生变化所带来的风险。

（8）设施规划风险。设施规划风险主要是设施安排不当，利用度低。

二 物流园区的虚拟形态

（一）物流园区发展战略

1. 指导思想

以科学发展观为指导，以提高经济发展质量和效益为中心，以提升物流园区的运营效率、服务质量为目标，以物流基础设施的整合和建设为重点，抓住政策机遇，依托产业、资源禀赋优势，优化物流园区空间布局，创新经营管理体制，不断完善服务功能，促进物流园区健康有序协调发展。

2. 基本原则

（1）市场主导，政府推动。充分发挥市场在物流资源配置中的决定性作用，强化物流企业的主体地位，形成投资主体多元化、运作方式市场化、物流服务专业化的发展格局。积极发挥政府在物流园区建设发展中的引导作用，完善部门协调机制，扫除条块分割体制障碍，强化规范管理，加强政策扶持，营造良好的发展环境。

（2）统筹规划，差异发展。根据区域经济社会发展对物流业的实际需求，依据区域的产业模式和未来发展方向，依托重点产业布局和交通枢纽，在注重与土地利用总体规划、城市总体规划、综合交通规划、环境保护规划等有机衔接的基础上，发挥区域自身优势，科学规划、统筹布局，明确物流园区功能定位和差异化发展原则，避免重复建设和资源浪费。

（3）整合存量，优选增量。做大做强存量，整合利用现有物流设施资源，充分发挥物流设施功能，积极引进先进物流园区运营理念和技术，创新管理机制，完善服务功能，提高现有物流园区的运营能力和服务水平。优选增量，通过拓展新领域、新建重大项目，实现园区的功能升级、服务优化、业态更新，挖掘增长潜力，提升管理水平，推进物流园区规模扩张和集聚发展。

3. 发展目标

发展目标可以分为近期目标、中期目标、长期目标。近期目标要关注物流园区空间优化，建立健全各项规范、规章制度；中期目标要关注物流园区的集约化水平和服务功能提升；长期目标要关注区域经济在全国，乃至国际物流中的节点布局，并发挥其在全球化服务体系中的作用。

（二）物流园区发展策略

借助现代物流产业发展的政策东风，近些年来，中国物流园区迎来了井喷式的发展。中国物流园区正在朝着布局衔接提档、功能结构提升、网络效益提效、智慧绿色提速、高效集约提高、政策环境提级等方面转型升级。这种转型主要体现在：一方面，单一园区向网络型园区转变，园区正在进入网络为王的时代；另一方面，单一功能园区向多功能园区转变，如存储性园区正在向流通型园区转变。为了适应转变，物流园区需要二次规划、优化和重组。

当前国内物流园区发展存在以下几个方面的"隐患"。首先，规划设计与当地的经济和产业发展脱节，竞争同质化、功能单一，跨部门协调不足，需要加强国家级物流枢纽的规划、布局和战略统筹。其次，多式联运功能发挥不足。除此之外，当前不少园区重招商、轻运营问题依旧存在，尤其是部分中小货运站并不是真正意义上的物流园区。而一些地方用地难、用地贵问题依旧突出，部分地区的物流用地远离交通枢纽，土地出让时对土地价格、投资强度、容积率、绿化率有较多要求。必须找出有效的解决途径，否则将成为未来制约物流园区发展的重要障碍。

1. 整合物流资源，加大物流园区的转型

（1）拥抱智慧物流，探索园区转型。应加强物流园区对区域物流的集聚作用，重视区域物流资源的整合。物流园区的发展应依托"互联网＋物流"的产业深度融合。应该说，推进智慧化物流发展将是未来物流园区转型发展的一个重要方向。发展智慧物流园区，实际上是指注重信息化、智能化、自动化、透明化、系统化的运作，在运营模式上更多采用"互联网＋物流＋大数据"相融合的一体化生态运营模式。即通过运营管理的智能化、货物管理的智能化、共享服务的平台化、信息服务的系统化，最终实现价值再造。

（2）物流园区运作模式转变。在商业模式颠覆、物流模式颠覆、服务模式颠覆这样的时代背景下，物流园区要注重企业平台化、方案定制化、服务场景化，尤其后两者本质是从客户（企业）服务转向了用户（终端消费）服务。未来物流产业发展的四大核心模式，无外乎开放、共享、智能、社群四种方式，其中智能化物流模式需要以服务智能化、资源多元化和信息串联化为保障。而分享模式下规模、效率、品牌的分享则是决定这种模式成败的关键。对于未来物流发展，将是服务模式颠覆和运营模式颠覆的变革，在这种变革中，用户服务和用户体验将成为物流园区和物流平台比拼竞争力的主战场。

2. 借力"一带一路"国家政策，发展物流园区

在推进物流园区网络化、智能化修炼内功的同时，主动融入"一带一路"倡议同样是众多物流园区获得新的发展动力的一种不错的选择。物流园区要想从"一带一路"建设过程中获得新的发展动力，必须加强"产业＋基础设施＋物流"统筹发展的顶层设计；为了规避发展过程中的风险，企业应抱团出海；应加强信息化建设，提高园区的整体信息化水平。

无论是从市场需求、产业优化布局、技术与产业能力提升并输出，还是生态资源优化、外部资源利用、中小企业发展需要，"一带一路"都将为物流园区转型发展提供新的政策机遇，只要抢占这个风口，未来将有广阔的前景。

作为物流园区，一方面，要积极布局"一带一路"倡议的节点城市，抢占发展的历史机遇；另一方面，则要向综合服务商转型，将园区打造成为入驻企业分享"一带一路"发展机遇的孵化器。只有这样，才能获得长久的发展动力。中国的远成集团在遂宁市投资、建设、运营物流园已历经三四年的时间，经过不断改造、深化、提档升级，已经成为符合地方需求的综合智慧物流园区。除了在传统物流领域的服务升级优化，远成集团已经成功打造了快运快递、合同物流、冷链物流、供应链金融、物流园区五大业务板块，共同构成了以物流、商流、资金流、信息流四流合一的综合供应链服务平台，该平台已经成为西南地区企业融入"一带一路"倡议的重要助推器。

3. 加大物流园区网络平台建设

物流信息平台的搭建，可以帮助物流企业、供应商、客户三者之间完成网络信息分享、信息收集和管理等工作。具体来说，可以

通过先进的物流信息技术，将客户的需求信息及时传达给物流企业，以使物流企业及时做出反应，提高物流服务质量；供应商可以通过信息平台，整合客户资源，以建立更庞大的客户群体，有效地提高物流信息的利用率；而客户则有了一个可以向物流企业、供货商传达交流的渠道。在同一网络信息平台下，所有的物流信息资源都被规范统一为相同的格式，降低了物流信息错误、发送时间错误等可能存在的风险。所有的物流信息都可在物流信息平台系统查询，操作便捷，分工明确。一个统一的标准化物流信息平台，具有规范物流业务流程的作用，可以使物流信息传递顺利，便于物流企业快速获取信息并尽快安排配送任务。而且，通过网络平台，可以提高物流企业获取信息的能力，保证企业内部完善物流服务，并有利于改善物流企业的资源整合能力，促进企业健康发展。

4. 促进物流园区标准化建设

物流园区的发展必须以标准化为依托，推进物流装备及服务标准化，构建物流园区标准化的管理体系，与国际物流有效接轨，提高国际市场竞争力。在运营监控、仓间调配、智能匹配等各方面实现资源共享，将移动互联网、云计算、大数据等技术融入物流产业的各个领域，与其他产业产生互动，在其他产业的发展带动下使物流业相应同步发展，并且建立长期合作战略伙伴关系，使资源高度共享，使各产业实现共赢。

5. 加大物流人才培养

在物流园区的发展过程中，特别是在信息化建设过程中，由于信息化系统需要专业人员操作，需要既懂得物流技术又懂得物流专业知识的复合型专业人员，那么，物流企业就应该选拔、提高公司员工的信息化专业水平。要对企业员工进行内部培训，拓宽教育渠道，加强与相关协会、相关先进技术企业的积极的沟通交流，提高员工知识水平。还可以出台选拔机制，挑选企业内部的高新复合人才。并且可以与高等院校合作，为高等院校学生提供学习实践的机会，并引进高等院校物流方面的专业人才。要想加快企业信息化建设的脚步，就必须重视基础员工的信息化理念，注重员工的职业能力培养，提高人才储备量。

第二节　物流园区功能形态

物流园区是指运输公司、配送中心、货物中转站、仓库、批发中心及流通加工厂等多个物流企业在空间上集中布局的场所，或指物流企业共同使用的物流空间场所，也就是多个物流中心在某一空间的聚集体。物流园区的功能是通过物流的功能具体表现的，包括包装功能、装卸搬运功能、运输功能、储存功能、流通加工功能、配送功能、物流信息功能七个方面。

一　物流园区的包装功能

（一）包装功能概述

包装是包装物和包装操作的总成，是物流园区的功能之一。其重要作用主要是对商品具有保护功能，同时方便商品的搬运、运输、储存、消费；有利于实施有效的物流管理，实现对物流网络的控制，确保物流组织管理的有序。

1. 影响包装的因素

在对不同物品施行包装功能的过程中要考虑以下四个因素。

（1）被包装商品的特性。被包装商品的形态可能各异，商品本身的性质也各不相同。所以，在设计商品包装的时候，必须根据商品本身的特点和国际通用的标准，设计出适合商品自身的包装。

（2）商品包装的保护性。针对被包装商品是否有防震动、防冲击的要求，是否对气象环境有要求，是否有防虫、防腐的要求，以及对物理环境和生物环境是否有特殊要求，在设计商品包装的时候，要做到有的放矢。

（3）消费者的易用性。为了使消费者能够更好地使用商品，商品包装设计很关键。商品包装设计必须易于使用，才能从更深层面吸引消费者，在一定程度上扩大市场份额。

（4）商品包装的经济性。一般来说，商品的工业包装，应该更加注重它的商品保护的性质，不必太在意外在的美观；商品的商业包装设计，则必须注意外观的魅力，以吸引顾客。所以，应该找到一个好的平衡点，使商品包装既能够达到要求，又能够节省成本。

2. 包装的合理化

商品包装作为物流的起点，对整个物流的过程起着重要的作用。因而，在设计商品包装的时候，必须进行认真的考虑，以实现商品包装的合理性。传统意义的包装不合理主要体现在以下三方面。

（1）包装不足。强度过低、材料选择不当、包装技术过低。

（2）包装过剩。强度过剩、材料选择不当、包装技术过高、包装成本过高。

（3）包装污染。对自然环境的耗用和破坏造成间接污染。

现代意义的包装对包装合理化的要求主要体现在智能化、标准化、绿色化、单位大型化、作业机械化、成本低廉化等方面。

（二）包装技术

现代包装技术主要有如下几方面：

（1）防震保护技术。主要通过填充、悬浮实现。

（2）防破损技术。主要通过填充、捆扎、集装实现。

（3）防锈包装技术。主要通过涂层实现。

（4）防霉包装技术。主要通过冷冻、真空、高温灭菌实现。

（5）防虫包装技术。主要通过樟脑、真空、充气来实现。

（6）特种包装技术。主要通过真空、收缩来实现。

（7）活性包装。主要通过吸氧材料、保鲜材料来实现。

二 物流园区的装卸搬运功能

（一）集装化

集装化是一种现代的运输方式。它利用一些特制的用具，把货物集零为整、化繁为简，以实现便于装卸、搬运、储存、计件和提高运输效率的目的。集装化对装卸搬运具有现实意义，可以为装卸作业机械化、自动化创造条件；可以节约包装材料、降低包装费用；便于堆码，便于清点，减少污染。集装化可以划分为五类：集装箱化、托盘化、网袋化、货捆化、半挂车。

（二）集装箱管理

1. 集装箱租赁

集装箱租赁可分为长期租赁和即期租赁两种。长期租赁为3—5年。长期租赁可以细分为金融租赁（一般到期后租赁人买下集装箱）和实际使用期租赁（到期承租人将集装箱退还出租人）两种形式。即期租赁可以细分为短期租赁和不定期租赁。

2. 集装箱空箱调运

空箱调运业务源于空箱的产生，产生空箱的原因可分为主客观两个方面。客观原因有进出口货源不平衡、集装箱航线货流不平衡、进出口（由于货物种类性质不同）使用不同规格的集装箱等。主观原因有管理失误、市场竞争等。为了减少空箱调运，可以组建联合体，实现船务公司集装箱共用，建立、完善集装箱跟踪管理系统，实现全球范围内智能化调度。

由于货物种类不同，对集装箱的使用程度会有很大的差异。在国际贸易中，货物可分为56种。最适合集装化的货物一般是货物价值高、运费承受能力强、属性（理化性能）适合集装的货物，这类货物共有32种，如烟酒、药品、电器、电子产品等；比较适合集装化的货物有纸浆、电线、电缆、面粉、金属制品等；边缘集装化的货物有钢锭、生铁、原木等；不适合集装化的货物有废钢铁、废桥梁、废铁塔、废大型发电机组等。

（三）装卸搬运

装卸是指物品在指定地点以人力或机械装入运输设备或卸下。搬运是指在同一场所内，对物品进行水平移动为主的物流作业。装卸搬运作业应遵循有效作业原则、集中作业原则及简化流程原则。尽量实现作业流程时间和空间上的连续性，尽量提高货物放置的活载程度，尽量减少搬运次数，消除多余包装，充分利用货物自重。

三　物流园区的运输功能

（一）运输功能概述

运输功能是指利用设备和工具，将物品从一个地点向另一个地点运送的物流活动。

根据运输的范畴，可将其分为四类：干线运输、支线运输、二次运输和场内运输。①干线运输是指利用公路、铁路的干线或大型船舶的固定航线进行的长距离、大数量的运输，是进行远距离空间位置转移的重要运输形式。干线运输一般速度较同种工具的其他运输要快，成本也较低。干线运输是运输的主体。②支线运输是指与干线相接的分支线路上的运输。支线运输是干线运输与收、发货地点之间的补充性运输形式，路程较短，运输量相对较小。支线的建设水平往往低于干线，运输工具水平也往往低于干线，因而速度较慢。③二次运输是指一种补充性的运输形式，是干线、支线运输到站后，站与用户仓库或指定接货地点之间的运输，路程较短。由于是单个单位的需要，所以运量也较小。④场内运输是指在工业企业范围内，直接为生产过程服务的运输。一般在车间与车间之间、车间与仓库之间进行。小企业中的这种运输以及大企业车间内部、仓库内部则不称"运输"，而称"搬运"。

根据运输的作用，可将其分为两类，即集货运输和配送运输。①集货运输是将分散货物汇集起来的运输形式，一般是短距离、小批量的运输。货物集中后才能利用干线运输形式进行远距离及大批量运输，因此，集货运输是干线运输的一种补充形式。②配送运输是将储存中的货物按用户要求送到用户。一般是短距离、小批量的运输，从运输的角度讲是对干线运输的一种补充。

（二）运输合理化

物流园区的运输功能按照运输的范畴属于厂内运输，按照运输的作用能够同时实现集货运输与配送运输。在实现物流园区运输功能的过程中，从节约资源和资源优化配置的角度出发，合理化安排运输至关重要。在物流园区运输规划过程中，应明确常见的不合理运输的情形，针对实际情况采取有效的合理化运输措施。

1．不合理运输的形式

不合理的运输形式包括：返程或起程空驶、对流运输、迂回运输、重复运输、倒流运输、过远运输、运力选择不当、托运方式选择不当等。

2．合理化运输的有效措施

合理化运输措施包括：提高运输工具实载率、开展社会化的运输体系、开展中短距离铁路公路分流、尽量发展直达运输、配载运输、通过流通加工使运输合理化。

四　物流园区的储存功能

物流园区的储存功能是指物流园区对物品的保护、管理、储藏。储存功能能够使物品随着时间延长创造时间价值，同时可以调节供需、保护物品的价值和使用价值。物流园区的储存功能具体体现在库存、储备、储存三个方面。狭义的库存是指在仓库中处于停滞状态的物资；广义的库存还包括处在加工和运输状态的物资。储备是指储存以备急需的物资，有时也指这种有目的的储存行为。储备都是有目的的，可分为短期储备、长期储备和战略储备。储存是库存与储备的总和。

（一）现代物流园区的储存技术

物流园区的储存技术包含仓库内部规划、物资检验、物资堆码与苫垫、物资存储过程质量控制技术四个方面。仓库内部规划是指仓库内部布局和编码定位。其中仓库内部布局采用系统布置设计法；编码定位采用四位号法，即实现物品位置编码包含库房号、货架号、层数、货位信息。物资检验是指物资的数量检验、质量检验、盘点与检查。物资堆码与苫垫是指物资堆码、苫垫、衬垫。物资存储过程质量控制技术主要是对温湿度进行控制，分别通过干湿计和温度计对湿度和温度进行监测，通过通风、吸潮、空气温度调节、密封对温湿度进行控制调节。

（二）物流园区储存功能合理化

1. 储存合理化标志

合理化标志主要包括质量标志、时间标志、结构标志、分布标志、费用标志五个方面。

（1）质量标志是指储存期间，物资质量不会降低。

（2）时间标志是指在保证质量的前提下，寻求一个合理的储存时间。

（3）结构标志是指要注意配套物资的结构比例。

（4）分布标志是指不同区域物资储存量的调配。

（5）费用标志是指仓储费、维护费、保管费、损失费、资金占用利息费用合理性等。

2. 储存合理化措施

（1）物资在储备过程中应在自建仓库和租用公共仓库之间做出合理选择。公共仓储具有资金投入少、机动灵活的特点。

（2）应注重第三方仓库（合同仓库）的选用，即企业将仓储业务外包给第三方仓储公司，以利于有效利用仓储资源，扩大市场地理范围，降低运输成本。

（3）应注重库存量的控制与管理。

五　物流园区的流通加工功能

（一）流通加工功能概述

流通加工是指物品在从生产地到使用地过程中，根据需要施加包装、分割、计量、分拣、刷标志、拴标签、组装等简单作业的总称。需要特别指出的是，流通加工不同于生产加工，主要体现在以下四方面。

（1）加工对象不同。前者为商品；后者为原材料或半成品。

（2）加工程度不同。前者是简单加工；后者一般要复杂很多。

（3）加工目的不同。前者是完善物品的使用价值；后者是创造价值和使用价值。

（4）加工人员不同。前者是物流人员；后者是生产企业人员。

流通加工的作用主要体现在弥补生产加工的不足，满足需求的多样化，保护产品的使用价值以防止在物流过程中遭受损失、腐败或破坏（如冷冻、保鲜）。流通加工可以提高物流作业效率，促进产品的市场销售，提高原材料的利用率，形成新的利润增长点，有利于生产流通一体化。

（二）流通加工的分类

流通加工按照目的不同，可以分为以保存产品为目的的流通加工、以适应多样化需求为目的的流通加工、以提高利用率为目的的流通加工、以适应配送为目的的流通加工。

（1）以保存产品为目的的流通加工。如水泥的流通加工：将块状、颗粒状半成品熟料运输到需求地细磨，加入添加剂后制成成品。这样做，一是为了节省费用，水泥中30%的矿渣可以就近获取；二是可以减少流通损耗，水泥的水硬性只有经过细磨才能充分体现，未经细磨的水泥有较好的抗潮湿性能。另外，生鲜食品流通加工、金属防锈、木材防腐防干裂、粮食干燥的目的均为保存产品。

（2）以适应多样化需求为目的的流通加工。如配煤加工，应根据不同热值煤炭的需求加工配料；又如食品流通加工，按照规格大小进行分装、精制包装（酒类、水果、月饼）、分拣（苹果分类、红丝带相系）等。

（3）以提高利用率为目的的流通加工。如平板玻璃的集中套裁、木材的集中下料、线材的集中下料。

（4）以适应配送为目的的流通加工。如混凝土车在运输过程中对产品进行流通加工；为适应配送要求对天然气（NG）、石油气（PG）进行液化加工。

（三）流通加工合理化

不合理的流通加工的主要表现形式有：①地点选择不合理。一般加工地点应选择需求地区，非生产地区。②加工方式选择不当。如加工作用不大，形成多余环节。③加工成本过高，效益不好。如粮食散装运输比包装运输节约作业时间80%。

流通加工的合理化措施有：加工与配送相结合、加工与配套相结合、加工与运输相结合、加工与商流相结合。

六 物流园区的配送功能

（一）配送概述

配送是配和送结合的物流活动，它强调作业方式的合理性。配送的前提是用户的订货，配送的形式是中转，配送的性质是送货，配送的实质是资源配置。

配送作业种类的划分依据通常为：配送物品的品种、数量及配送的时间及组织者。配送功能能够完善和优化物流系统、改善末端物流的效益、使企业实现低库存或零库存并进而简化事务、方便客户、提高供应保障程度。

（二）物流园区配送作业的一般流程

完整的配送工作流程一般包括进货、储存、补货、分拣、配送加工、配装、送货。

（1）进货包括订货、接货、货物检验三个步骤。

（2）储存是指将收到的货物放到相应的储位。

（3）补货是指当存货水平低于设定标准时，将储存于保管区的货物搬运到拣货区的行为。补货可分为批量补货和定时补货。

（4）分拣可分为按单分拣和批量分拣。其中按单分拣是指按客户订单要求，从货架上挑选所需商品的分拣方法。批量分拣是指针对数量较多的同一种货物集中分拣，然后按照订单分给不同客户。

（5）配送加工是指根据配送的需要进行的流通加工。

（6）配装是指充分利用运输工具的载重量和容积利用率，而采用合理的方法进行装载的行为。在配装的过程中应重货在下、轻货在上，送达的货物先装，根据货物的性质进行配载，外观相近、易混淆的货物尽量分开。

（7）送货要注重流程控制。送货流程包括划分送货区域、车辆配载、暂定送货先后顺序、车辆安排、选择送货线路、确定车辆送货顺序、完成车辆配载。

（三）配送管理

物流园区对配送功能的管理包括：配送模式管理、配送业务管理、配送要素管理。

在配送模式管理中，选择何种配送模式主要取决于以下几方面的因素：配送对企业的重要性、企业的配送能力、市场规模与地理范围、服务要求及配送成本等。一般来说，企业配送模式的选择方法主要有矩阵图决策法、比较选择法等。

配送业务管理包括配送作业管理和配送流程管理。配送作业管理主要关注配送线路选择——图论中的最短路问题，以及最少运费；配送流程管理包括对进货、储存、补货、分拣、配送加工、配装、送货等功能流程的管理。

配送要素管理主要是针对人员、财务、物品、技术、信息五个要素的管理。

（四）配送合理化

衡量配送合理化的指标主要有四个，分别是库存、资金、效益、供应保障。库存指标包括库存总量、库存周转；资金指标包括资金总量、资金周转、资金投向（越集中越好）；效益指标包括营运能力、偿债能力、盈利能力、发展能力；供应保障指标包括缺货次数、配送企业集中库存量、即时即送的能力和速度。

七　物流园区信息功能

（一）物流园区信息技术

物流园区的发展，除了需要基础设施以外，还需要各种信息技术为其提供业务和信息功能的支持和保障。物流信息技术的应用和普及改变了很多企业供应链的管理，使得企业所在的供应链更具有竞争优势，从而使企业能获得更多的利益和更大的竞争优势。物流信息技术涉及物流信息采集、运送、分拣、追踪、办公等方方面面。物流信息技术一般由软件、通信和面向物流行业的业务管理系统所构成，主要包括条形码和二维码技术、射频识别技术、EDI 技术、GPS 以及 GIS 等。

1. 物流自动识别技术

在物流运营及管理活动中，最重要的一项工作就是物流数据和信息的采集，条码技术和射频技术是物流信息和数据采集最重要的两种技术。

条码技术是一种基于计算机的物流信息自动识别技术。条形码技术已经非常成熟，被广泛应用于超市商品以及对物流货物进行描述和标识工作，是 POS 系统、电子商务、EDI、供应链管理等技术应用的基础。条形码由一组黑白相间、粗细不同的黑白单元组成，由于黑色条对光的反射率低而白色条对光的反射率高，并且黑白条的宽度不同，扫描仪扫描这些条码会产生不同的反射接收效果，通过光电转换设备形成可以传输的电子信息。

条形码技术具有采信和输入数据速度快、数据可靠、成本低、设备小巧灵活且条码易于制作等优点。但条形码技术的不足之处就是含有的信息量较少，因此世界各国都在研究、开发包容大量信息的二维码及其相关技术，这样就可以传输和获取更多的信息，为物流业务高效运转及信息、资源共享等提供支持。

传统条形码技术和当前流行的二维码技术可以实现物品信息的快速、准确获取，并能够对这些物品的信息进行处理，解决了物流数据信息的采集和物流数据信息的录入问题，是物流管理现代化，提高物流企业和物流园区管理水平和竞争能力的重要技术手段，这两种技术大幅度提高了物流效率，也是实现物流信息共享的重要技术手段，为供应链管理等提供了支持和保证。

2. 射频识别技术

射频识别（RFID）是在 20 世纪 80 年代发展起来的一种自动识别无线通信技术，已经被广泛应用于身份证、小区管理、物流领域、博物馆等众多领域。射频识别技术是一种基于无线电广播通信的非接触式自动识别技术，通过射频信号自动识别目标对象并获取相关数据信息，可被应用于各种恶劣环境中。射频系统由射频卡、天线和阅读器三个基本部分组成。

射频识别技术的优点很多。

射频识别辨识器可以同时读取多个 RFID 标签，可以实现物品信息快速扫描并录入数据库；存储在射频识别标签内的信息不受RFID 标签大小、形状等的影响，RFID 标签可以被广泛地应用于各种不同的产品；传统条形码的载体是纸张，其保存不长久，而RFID 标签是将物品数据信息存储于芯片当中，对于油、水以及化学药品等具有较强的抵抗性，保存持久且抗污染能力强；RFID 标签内存储的数据可以删除，可以更新，也可以增加，因此 RFID 标签可以重复使用，节约资源，避免浪费，符合可持续绿色发展理念；RFID 标签里面存储的数据不像条形码上面的数据必须近距离直接扫描读取，RFID 识别器能够实现穿透性通信和非接触性通信，实现多目标识别、移动识别、定位以及长期跟踪管理等功能；RFID标签中承载的是电子数据信息，因此存储的数据内容可实现密码保护，保障其上面存储的数据等信息不被伪造和非法更改、删除以及增加，数据信息更加安全；一维条形码的容量只有 50Bytes，二维码的最大可存储容量在 2—3000 字符，而 RFID 标签的最大的容量则有数 MegaBytes，并且随着记忆载体的飞速发展，其存储容量也会越来越大，可以系统、详细地描述物品的各方面信息。

射频识别技术可以远距离读取且存储的数据容量高，可以帮助物流企业及物流园区大幅提高货物、信息管理等各项工作的效率；可以实现消费者、销售企业和制造企业的互联互通，使得各相关企业能够更准确地接收各种反馈信息，把握需求信息，实现对整个供应链的优化和整合；可以为物联网、云计算等提供数据信息的保障，实现供应链上各相关企业的优势互补、资源共享、多方共赢，提升整个供应链的竞争优势和竞争能力。

RFID 标签可以嵌入各类物资当中，通过识别器自动识别和定位物体并进行系统分类，可以实现信息的快速识别，推动物流业以及物流园区的智能化发展。

目前无线射频识别技术被广泛应用在企业的供应链管理工作中，应用在生产线自动化管理工作中，应用在生产制造和装配工作中，应用在航空包裹的管理工作中，应用在邮件及快递包裹的处理工作中，应用在道路交通的自动收费和车辆识别中，应用在一卡通、仓储塑料托盘以及周转筐中，应用在物流集装箱的管理工作中，应用在铁路包裹的管理工作中，应用在企事业单位等各种组织机构的后勤管理系统中。随着无线射频识别技术的快速发展，它将被应用在越来越多的领域中。

GPS 定位可以解决远距离定位问题，而 RFID 电子标签可以解决短距离物体定位，特别是在仓储中心等室内的物体定位。因此，RFID 标签在物流活动中可以弥补 GPS 定位系统只能适用于室外大范围的不足之处。通过应用 GPS 定位、应用智能手机定位和应用 RFID 电子标签短距离定位，并结合无线通信技术手段，可以实现物流货物及货物位置的全程监视和跟踪，为物流信息的共享提供保证。

3. 接触式智能卡技术

接触式智能卡是一种被广泛采用的信息采集技术。它的加密和处理功能依赖于嵌装在信用卡大小基片中的信息存储技术。该技术成本适中，利于推广应用。接触式智能卡具有独立运算和存储的功能，与计算机系统结合使用可以实现对多种信息的采集、传送、加密和管理等需要，目前在国内外的银行、公路收费、水表煤气收费等众多领域被应用，它也是物流信息技术。

4. 便携式数据终端

便携式数据终端（PDT）一般包括一个扫描器、一台体积小但功能很强并有存储器的计算机、一个显示器和供人工输入的键盘。便携式数据终端是一种多功能的数据采集设备，被广泛应用于物流活动中。便携式数据终端存储器中的数据可以通过射频通信技术随时传送到主计算机，并存储在主计算机的数据库中。

5. 无线电拣货技术

无线电拣货技术实现了无纸化的数据交互。该设备一般是将移动设备与电脑设备相结合，并应用在推车和堆垛机上。当客户下单时，客户的订单信息会从电脑主机发往备货区的电脑上，此时电脑屏幕上会出现客户下单的商品，同时显示屏上还显示拣货的路线、商店名称、商品、数量以及货号、类型、属性等，待拣货员按照客户的订单拣货完毕后，按下电脑 Enter 键，上一位客户订单备货完毕，并进入下一订单的拣货环节。

6. 数字显示拣货技术

数字显示拣货技术是指用 LED 显示器显示客户的订单信息。这个技术跟无线电拣货技术相似，不同的是这个技术是电脑系统的一个延伸。一般在配货中心进行配货时，由于库房货物多、品种多，在传统人工拣货时，拣货人员一边拣货一边对比订单信息，这样既增加了劳动量，又会造成拣错、遗漏等问题。数字显示拣货技术主要是在配货中心内的各个货架上加装 LED 显示器，并在该显示器上显示客户订单的商品存放在该货架的第几层。

当前，物流信息技术已经成为物流园区中物流运作管理的中枢。物流信息的共享离不开物流信息技术，上述几种物流信息技术的广泛应用，为物流园区物流活动数据的收集、存储以及利用等提供了技术基础和保证，为物流园区间信息共享提供了数据基础，使得物流信息共享成为可能。

（二）物流自动跟踪信息技术

每一位购买商品的顾客都希望能够实时跟踪自己所购买的物品目前是在什么地方，自己大概什么时间能够收到货物；销售商品的商家也同样需要商品的实时位置，以便给顾客的咨询提供一个准确的信息，提升顾客对商家的满意度。生产企业需要了解自己所订购的原材料、零部件目前在什么地方，对自己的生产运营等活动是不是会产生影响。商品销售企业同样想确切地知道自己订购的商品目前在什么地方，大概什么时间能够到货，以便给顾客提供更好的服务，提升顾客关系水平。为了更好地提高顾客的满意度和自身的服务水平，物流企业及物流园区在物流工作中所面对的一个重要问题就是能够给顾客或商家提供一个准确、实时的货品位置信息，这就需要大量的物流自动跟踪计算来支撑，对物品所在的空间数据进行有效管理。

物流企业和物流园区如何保证对物流过程的完全掌控，物流动态信息采集及其应用技术是物流信息共享的最重要因素。利用自动化、智能化的先进信息网络技术可以了解和掌控物流供应链上的各个环节，从而有效地整合全国的物流资源，提高物流园区的工作效率，进而降低物流供应链上各个环节的物流成本，促进物流园区更好地发展。

物流跟踪就是对物流活动中的货物和物流运输载体进行跟踪，以实现货物和运输工具的准确定位。通过传统的电话等通信手段可以实现货物和运输工具的被动跟踪；通过应用 RFID 手段可以实现货物和运输工具的阶段性跟踪；RFID 技术如果与互联网等技术结合起来也可以实现货物和运输工具的全球范围跟踪。目前对于物流活动中的货物和运输工具的跟踪主要依靠全球定位系统（GPS）。

1. 全球定位系统（GPS）

全球定位系统，是利用卫星、地面监控部分和信号接收机来对跟踪对象进行动态定位。全球定位系统不受天气和时间的限制，具有实时定位、跟踪，离线报警，出界入界报警，分组查车和区域查车，轨迹记录和数据统计，远程控制、防盗反劫和车内监听，信息发送等功能，完全能实现物流运输过程的透明化管理。全球定位系统具有陆、海、空三维导航与定位的功能，目前被广泛应用于军事、民用等领域。

物流全球定位监控管理系统是由交通运输工具上装备的 GPS 定位设备、拥有地理信息系统和相应的软件的物流信息跟踪服务平台、物流信息通信机制和货物上的 RFID 标签、条形码、二维码、报警装置等其他设备共同组成。全球定位系统在物流领域主要应用在汽车、船舶、飞机等各种交通工具的定位、跟踪以及调度等方面。

2. 地理信息系统（GIS）

地理信息系统是一种特定的空间信息系统，是指在计算机硬件和软件支持下，对整个或部分地球表层（包括大气层）空间中的有关地理分布数据进行采集、储存、管理、运算、分析、显示和描述的技术系统。地理信息系统实现了数据管理系统和图形管理系统的有机结合，实现了可视化的信息处理与管理。

一个完整的地理信息系统主要由硬件、软件、数据和人员几部分组成。地理信息系统的硬件部分主要由计算机、网络设备、存储设备以及数据的输入和输出等外围设备组成；地理信息系统的软件部分主要由计算机操作系统软件、系统开发软件、数据库管理软件、地理信息系统软件等组成；数据是地理信息系统的生命和灵魂，是地理信息系统的重要内容，离开了数据，地理信息系统就成了无源之水、无本之木；人是地理信息系统中最具主观能动性的部分，离开了人，地理信息系统将无法工作，而人员的组织管理能力和技术水平决定了地理信息系统建设的成败以及正常运转。

地理信息系统包括电子地图、设施定位模型、车辆路线模型、网络物流模型和分配集合模型等功能。电子地图是物流管理系统的基础和重要组成部分，物流企业或物流园区在电子地图的基础上利用设施定位模型可以确定物流设施的最优位置，可以为物流园区规划出最佳的物流网络以实现物流运输线路的最优化；物流园区应用车辆路线模型可以计算出物流运输工具的具体数量和行驶的路线，达到运输路线最短，获得货物运输的最大利润；物流园区通过网络物流模型可以实现各个物流网点间货物调度的最佳分配方案和货物的最佳路径选择；物流园区通过分配集合模型可以通过各物流网点的相似点把同一层次上的所有或部分要素分成几类，从而确定各物流网点的生产、运输和销售范围。

在物流管理工作中，大部分商业数据信息都会涉及地理位置信息，通过全球定位系统和地理信息系统的结合，可以实现对物流交通运输工具的实时调度与跟踪、最佳运输路线的选择与导航等工作，提升了物流系统的工作效率和工作质量。全球定位系统和地理信息系统的结合可以实现实时确定移动物体的位置。全球定位系统确定货物的方位，而地理信息系统则将货物的方位信息转换为地理图形信息，因此应用全球定位系统和地理信息系统可以实现物流运输工具的实时定位跟踪，可以为物流用户提供更加全面、便捷的物流信息查询服务，使用户可以更全面、更准确地了解自己货物的实时动态，提升物流用户的满意度。

（三）物流信息系统技术

1. 物流 EDI 技术

EDI（Electronic Data Interchange）技术即电子数据交换技术，是指按照同一规定所采用的一套通用标准格式，将标准的经济信息，通过通信网络传输，在贸易伙伴的电子计算机系统之间进行数据交换和自动处理，俗称"无纸贸易"。EDI 技术是一种信息管理以及信息处理的有效手段，可以提高工作效率，降低成本。

（1）EDI 系统的构成要素。EDI 系统主要由 EDI 软件和硬件、通信网络和数据标准化三个方面的要素构成。实现 EDI 的企业首先必须有一套计算机数据处理系统，还必须有良好的通信环境以确保 EDI 系统的通信网络畅通，通过已经商定好的标准数据格式进行相关信息的传输和交换。EDI 系统的数据标准化非常重要。

EDI 的数据标准主要包括基础标准、代码标准、单证标准、报文标准、通信标准、应用标准、安全标准和管理标准等内容。单证标准包括单证格式标准化、记载信息标准化以及信息描述的标准化。中国制定的单证标准主要包括进出口许可证、装箱单标准、原产地证书、装运声明等。只有建立起符合国际和国家的标准才能够实现各种信息的交换和共享，才能够利于各项工作的开展和实施。

（2）EDI 中心的主要功能。EDI 中心主要负责电子数据交换、报文标准格式转换、传输数据的存证、信息安全保密、技术咨询、信息查询、昼夜 24 小时不间断服务以及信息增值服务等各项工作。

（3）EDI 在物流中的应用。EDI 系统在物流运作中的应用就是利用计算机及通信网络资源来提高交易双方的信息传输效率，有效降低物流成本。它主要包括三个方面的作用：①对于供应链上的制造业企业，通过 EDI 系统的应用可以有效实现原材料、零部件以及成品的库存量管理，降低生产线的待料时间，从总体上降低企业生产成本。②对于物流运输企业，通过 EDI 系统的应用可以实现货物的快速通关报检，实现科学、合理地整合物流企业的各种运输资源，缩短运输距离，加速企业资金的周转以降低资金成本，降低物流企业的运输成本，缩短货物的运输时间，进而从整体上提高物流企业的工作效率，提升物流企业的竞争力。③对于零售业，利用EDI系统可以为企业建立起快速响应系统，建立起零售企业完整的、系统的物流配送体系，形成生产、库存、运输、销售一体化的企业供应链管理系统，最大可能地减少商场商品的库存量以及空架率，加速零售企业的资金周转，提升使用率，降低零售企业的物流成本，不断提升零售企业的竞争力。

　　EDI系统的优点在于，可以通过电子数据交换实现信息的高速、准确共享。快递行业可以在物流分拣中心对货物进行整理、集装并通过EDI系统向收货业主发送发货信息。在货物运送的过程中，可以通过EDI系统对货物进行跟踪管理并与客户进行信息共享。在货物送到收货业主之后，还通过EDI系统向发货业主发送完成运送业务的信息以及运费请示信息。

　　EDI系统应用于物流，可以将不同制造商、供应商、销售商等贸易伙伴间各自的生产管理、原料管理、销售管理、仓储运输管理等系统有机结合，通过EDI系统将物流数据相互交换，解决传统单证处理时间长、效率低等问题，实现货物实时追踪，确保数据传输的安全、准确、高效和快捷，实现物流控制电子化，为企业的运营降低成本，提高工作效率。EDI系统应用于物流，可以实现物流服务商、供应商、客户信息系统等的准确融合，实现货物订单、库存、配送等数据的准确、实时传输，不同的职能组织或者机构可以迅速获得自己需要的数据和信息。

　　2. 电子订货系统（EOS）

　　EOS系统主要是通过手机或者掌上电脑设备嵌入条码扫描软件，对零售店的库存进行扫描，扫描出的库存数据可以通过电话或者电脑传递给配送中心的订货系统。EOS系统的形式主要是以一个数据库为中心（供货商），然后设立较多的客户端（连锁店、超市等），客户端群体可以通过互联网直接向供货商发出进货需求，供货商根据客户端收到的信息进行对应商品的发货作业，由此，可以极大地提高进货渠道的稳定性，同时也能够准确地为不同销售点进行供货。

3. 智能运输系统（ITS）

智能运输系统是在较完善的基础设施（包括道路、港口、机场和通信等）之上，将先进的信息技术、数据通信技术、控制技术、电子技术、传感器技术、计算机网络技术等有效集成，协同运用于整个交通管理系统，从而建立起一种在大范围内、全方位发挥作用的实时、准确、高效的综合交通运输管理系统。智能运输系统可以实现物流运输的便捷、高效、安全，可以最终实现无污染的绿色交通物流发展。

智能运输系统的服务领域基本包括以下部分：提供货运车辆的运营信息、交通管理与规划，提供其他运输方式的货运信息，提供货源信息，提供货运途中的交通信息、电子收费信息、货运车辆的自动路径诱导、出行者信息、货运车辆车况的自动监控、车辆安全与辅助驾驶、货运车辆的自动定位跟踪、货运车辆紧急情况的自动报警、货运车辆的调度、运营管理、货运数据交换、物流各方与货运车辆的双向数据通信、紧急情况下的补救措施、不同运输方式互补、综合运输和自动公路、货物联运前信息和货物联运途中动态跟踪查询等。

智能运输系统由四个子系统构成：中心子系统、出行者子系统（或远程接入子系统）、车辆子系统和路边子系统（路侧子系统）。因此，在经济全球化的今天，寻求智能运输系统与物流园区的协同，将有利于物流园区的信息化，提高物流园区的增值功能，推动物流企业入驻。

第三节　物流园区协作形态

一　实体协作形态

从实体的角度看，物流园区协作是指由多个节点与联系节点的连接所共同构成的网状配置系统，并且，这些网络节点之间是相互补充的。

在物流产业中，如果把不同产业看作网络节点，那么物流园区就能够将多个网络节点以物流的形式聚集，并对这些网络节点进行整体规划、衔接，因此，物流园区可以被解释为最顶层的社会物流网络节点形态。其运营的过程，既可以作为一个主体，独立运营；也可以作为物流网状配置系统中的一个节点，与其他节点相互协作、共同运营。

作为一个运营主体，物流园区的工作重心并非针对具体的、单一的业务，而是将不同产业的各类物流业务需求进行集中协调处理，最终形成有效（节约资源、提升效率）的运营方案，并力争将相关的物流信息借助物流信息平台实时地共享发布。同时，物流园区也同样可以通过物流信息平台获取更多的外部信息和物流相关信息。多个物流园区之间正是通过这种业务和信息之间的沟通、协作，才能够最终构成物流网络结点体系。

在这个物流网络结点体系中，多个彼此关联的网络节点共同构成物流园区。同质化的物流网络节点之间的关系可以界定为既存在竞争又存在合作，所以，可以定义同质化的物流节点之间是一种竞争性合作的关系。异质化的物流网络节点之间由于各自资源具有互补性，因此，各节点之间关系可以确定为一种互补不足、共同协作的关系。但是，由于每个物流园区所拥有的机械设备、技术水平、资源配置、专业人才以及区位等不同，也就决定了物流园区自身在物流网络节点体系中的地位和所起的作用的高低。在物流网络节点体系中，作为核心节点的物流园区，在某一区域物流产业中将作为运作主体与其他产业形成有效的协作。

网络目标是物流园区组织网络的主要动力要素，主要包括整体网络目标和个体网络目标两种。

物流园区的整体网络目标是指利用有效的协同运作方案，在充分利用物流园区内各个企业的资源、设备、技术和人才等条件的同时，能够最终提升整个物流园区的运作效率、降低物流整体运营成本。

物流园区的个体网络目标是指在相关协同机制的引导下，在物流园区组织之间对内部资源整合的基础上实现与外部资源的有效协同运作，在保证实现各个物流园区目标的同时，也能进一步提升物流园区网络的整体物流服务质量及服务水平，进一步提高物流运作效率，增加物流园区的总体收益。同时，物流园区组织网络的各子成员，能够通过物流园区的有效协同，实现各取所需、利益共享、成本共担，在实现个体网络目标的同时也实现整体网络目标。

物流园区的整体网络目标和个体网络目标二者之间是相互促进和相互依存的关系。

二　信息协作形态

从信息技术的角度看，物流园区协作是指在一定的区域内两个或两个以上的计算机通过连接介质，按照网络协议进行连接。其最重要的特征是参与者按照网络协议进行的资源共享。

物流信息贯穿于物流活动的始终，在各种物流活动中起着中枢神经的作用。在物流园区范围内，物流信息是指在物流园区运营中所采取的各种活动，其包含于物流活动的各个环节。如在买卖、合作、外包服务等关系达成过程中，利用物流信息共享平台实现的资源和信息的共享；在物流业务完成过程中所涉及的对各类出入库、库存、设备使用情况、机械维护情况等各类信息的收集、整理、监督、发布等；针对上到政府机关，下到入园的物流企业以及其他的如银行等需要物流业务的企业共同构成的群体，最终实现公共机构与企业之间、企业与企业之间、园区与企业之间、园区与公共机构之间的信息交换与信息共享等。总之，物流园区信息管理水平的逐渐提升将直接驱动物流园区的发展、创新。

物流信息服务平台的开放性决定了其在物流园区运营中越来越重要。完善的物流信息网络平台可以实现物流园区之间物流信息的互联互通，并由此彰显出，它是物流园区之间信息共享的关键方式，是物流园区网络信息协同模式得以顺利实施的重要手段。因此，随着物流园区的建设和发展，各物流园区越来越重视对物流信息服务平台的应用、创新和完善。物流信息服务平台能够在物流园区运营中，根据物流园区的整体规划和协同目标，将多样化、个性化的物流信息服务提供给物流园区内的不同需求用户。

三　经济协作形态

从经济学的角度来看，物流园区协作是指在物流服务的过程中，结合经济的发展所形成的一种经济形态。它可以用物流园区协同和服务模式来概括。

物流园区是一个由多个网络节点构成的复杂的网络系统，正是这种构成决定了物流园区协同和服务的过程必将是个复杂的过程。这种复杂性也可以被理解为是外部协同、内部协同以及服务的过程。

1. 外部协同

从业务层面来看，作为物流网络系统中的关键节点，物流园区的外部协同是指物流园区之间以及物流园区与其他企业之间实现资源互用、信息共享等，是使物流园区的运行效率加速的高效方案，更是使经济加快发展的重要手段。

对于物流园区的外部协同，其最关键的一点是信息共享性的提升。物流园区信息的共享性的提升，可以使物流园区、入园企业、其他企业能及时高效地获取库存水平、备货情况、业务进展程度等信息，打破纵向一体化的传统运作模式，实现物流园区资源互用、信息共享、配置优化升级的终极目标。这种信息共享式的物流园区外部协同运作，将有利于提升现行运营效率、缩减运营成本、提升运营利润，同时，更有利于带动物流园区周边地区经济乃至更大范围的地区经济的良性、有序发展。

从商务合作层面来看，随着经济的快速发展，由于城市土地资源受限现象越来越明显，加之国家对地方土地政策方面的限制，物流园区的建设已经逐渐趋于缓慢，很多地方的物流园区已经开始寻求跨区域合作，开始寻求发挥区位优势，优化资源配置、降低运营成本。物流园区运行过程中形成的经济规律属性，使其在推进城市经济出现持续、快速增长的同时，也向周边地区辐射着直接或间接的效应，使周边地区的经济、管理、技术水平等得到全面、有效的提升。

2. 内部协同

在物流园区内部，各个入园企业的物流环节都经历了从最初的独立运作到之后的资源争夺再到最终的协同发展过程，这是入园企业在经历了很多时间与金钱上的损失之后才逐步形成的。从系统的观点来解释，物流园区由于是由多个企业参与的复杂系统，每个企业具有各自优势的功能，独立的功能不可能完成有效的物流服务，只有将这些功能相互协调、相互合作，才能将整个物流园区的能量积聚到最大，才能有效地推动园区乃至园区周边经济的发展。

物流园区的内部协同主要包含如下两个方面。

（1）园区内各功能的实现要以服务地方经济、支撑社会发展为目标。社会的发展、经济的繁荣是各行各业在追求利润之外的主要宏观目标，而物流园区的内部协同也是一样，在保证园区内各项功能的有效开展的过程中，仍要以服务地方经济、支撑社会发展为首要任务。在物流功能的实现中，既要保证有合理的场地布局、高效的运输设备、完善的产品追踪系统等，也要保证各个功能的实现应与真实的社会需求、经济发展对物流的服务质量要求相匹配。

（2）园区内部各功能协调是确保物流园区良性发展的必要条件。由于物流园区具备多种物流功能（运输、存储、装卸搬运、流通加工、包装、配送和信息技术），各个功能在物流活动中承担着不同的任务和作用，但不同的功能之间是存在一定的连续性的，比如无法按时送达货物就无法完成配送任务。因此，各个物流功能既相互依赖又相互促进，共同推动物流园区经济的发展，只有各个功能协调发展才能确保物流园区的良性发展。

第三章　物流园区发展要素

物流园区将众多与物流相关的企业聚集在一个区域内，通过专业化和规模化的经营和管理，共享相关物流设施，降低整体物流运营成本，促进相关物流技术和整体物流服务水平的提高，发挥物流资源整合优势以实现物流规模经济效益，实现物流园区各相关主体的共赢发展，实现物流园区内各相关主体的经济利益最大化。物流园区的建设和发展是一个系统工程，在建设和发展过程中涉及建设主体问题、社会经济发展环境问题、国家及地方各级政府的政策问题、基础设施问题、人才技术问题等各方面。

第一节　物流园区建设主体要素

一　物流园区建设的政府主体

物流园区的建设是一个系统工程，在建设过程中涉及很多相关主体，而政府在物流园区建设中起着主导作用，担负着物流园区规划、政策制定、运营监管、各方主体协调、经营管理激励、违法违规行为惩处等职责。物流园区的发展水平决定了区域经济的发展状况——因为经济的发展离不开物流的支持，健康、持续的物流活动可以实现区域内外各种经济发展资源的合理优化和配置。物流活动能否健康、持续，取决于物流园区的建设和发展，但大部分物流园区基本上都是在生地的基础上建设，缺少成熟的基础设施配套，而这又涉及物流园区道路、管网、水电、服务等基础设施建设以及土地购买等投资，金额巨大，一般企业很难承受，因此，物流园区的建设和发展需要政府参与。同时，中央政府和地方政府还要负责区域协调和部门间的协调等各项工作。可以说，政府是物流园区建设的重要主体。

二 物流园区建设的企业主体

物流园区建设除了政府主体外，还涉及物流园区内的仓储企业、包装服务企业、运输企业等相关主体。它们要关注物流园区内物流资源的开发、销售、使用和调配等各项工作，为生产加工企业、销售企业等提供系统、全面的服务，更好地促进物流园区健康、持续发展。由此，物流园区呈现出不同的特点。有的物流园区是由基于物流产业的物流企业建设和经营的物流园区，有的物流园区是由基于其他产业的企业建设和经营的物流园区，如上海外高桥物流园区和北京空港物流园区就是基于其他产业建设的物流园区。

三 物流园区建设的高校和科研机构主体

物流园区的发展需要相关的各类人才：物流高级管理人才决定和影响着物流园区能否高效、科学的运转和经营；物流园区基层管理人才决定了物流园区能否正常运转；物流设备操作人才决定了物流设备能否正常工作和物流设备能否充分发挥出其自身设计的功能和效率；物流技术和设备维护人员决定了当物流设备发生故障时能否及时、准确排除故障。

物流园区的正常经营运转需要具有各种功能的运输设备、仓储保管设备、辅助拣选设备、装卸搬运设备、流通加工设备、包装设备、安全监控设备、自动化管理设备、信息处理设备等；物流园区的发展需要大数据、云计算、物联网等先进的信息处理技术。

随着信息技术的发展以及机器智能化的发展，物流园区的发展和运营需要越来越多的各类管理人才和技术，物流园区的发展和运营也需要各种更先进的物流智能技术以及自动化、智能化的物流设备和先进的信息处理技术。

物流园区自身人力、物力和财力等资源有限，自身无法培养物流园区发展需要的各级物流管理及运营人才，同时也无法保证物流园区运营中所需要的各种先进物流设备和先进物流技术的研发和供给，这种状况势必会影响物流园区的健康、持续发展，因此需要那些拥有人才培养能力、物流技术和设备研发能力的其他主体参与物流园区的建设。

高等院校和科研机构是人才培养的摇篮，同时，高等院校和科研机构也是物流园区正常高效运转所需先进设备和技术的研发机构，是那些先进物流技术和设备的主要供应主体，物流园区的发展和运营需要高等院校和科研机构积极参与，为物流园区的发展和运营提供源源不断的人才、技术和设备的支持。因此，高等院校和科研机构是物流园区发展和运营的重要参与主体，物流园区的发展离不开高等院校和科研机构的支持。

四 物流园区建设的服务主体

物流园区的发展需要那些与物流产业相关的各类物流企业入驻，因此，物流园区要为那些入驻物流园区的企业提供工商管理、金融、税务、商检、人才培训及咨询、海关以及保险等全方位的服务。为了更好地为物流园区内企业提供服务，物流园区也需要工商管理部门、银行、税务机构、商品检验、人才培养、海关、保险等服务机构的入驻，为物流园区内的企业提供工商管理、融资、网上支付、网上投保、项目咨询、货物保险等便捷、及时、系统、全面的服务。

物流园区内除了有物流企业外，还要有中国物流协会、物流采购联合会、电子商务协会等中介服务机构。这些行业协会通过其在行业中的地位以及影响力，为物流园区之间的信息沟通、经验交流、标准推广和跨物流园区业务的对接合作等事项提供咨询和服务，由此来充分发挥中介服务机构的协调沟通作用。可以强化与周边省份物流园区的沟通和联络，将周边及国内成功的先进经验和技术等传递给物流园区，促进物流园区的建设和发展，为区域经济发展做好服务。

物流园区内还应入驻物流金融服务平台、车货匹配平台、交通运输物流公共信息平台以及第四方物流企业等中介服务机构。它们也发挥着联系和沟通物流行业内企业的作用，可以为物流园区提供物流技术以及物流自动化、智能化、信息化等相关设备和相关培训、咨询和服务等工作。

第二节　物流园区发展资源要素

一　物流园区发展的设施资源

（一）物流园区内部基础设施资源

物流园区内部的基础设施既涉及正常的工作基础设施，也涉及园区内工作人员的生活基础设施，因此物流园区内部的基础设施相对比较复杂。

道路交通基础设施主要包括物流园区内部的道路交通设施以及各种办公车辆和物流装载运输车辆等的停车场地等设施。物流园区内的道路交通必须严格优化设计，以确保各种车辆能够畅通无阻，并且要确保各种车辆能够有充足的停车空间。

管网基础设施。物流园区要营造一个良好的工作和生活环境，就要做好物流园区内地下水、电线、电缆、网线等管道的合理布局和安装，为物流园区各项工作顺利开展提供保证。

物流园区内部的仓储设施是物流园区内部最重要的基础设施资源。物流园区内要配置充足的货物存储空间，并配备完备的仓储管理、搬运、码垛、装卸等设施工具，为货物存储提供良好的环境。还应提供自动化、智能化等先进的仓储管理设施和工具，以确保仓储工作高效率开展。

物流园区内部的办公场所、办公设备、信息交易中心、生活设施等是否完善也直接影响物流园区内的各项日常工作和相关作业等能否顺利开展和实施，进而影响着物流园区的发展和生存。

物流园区的流通加工设备、仓储保管设备、辅助拣选设备、货物识别及追踪技术设备、包装设备、安全监控设备、自动化管理设备、信息处理设备等也是物流园区重要的设备和基础设施，是物流园区正常开展工作的保证。

此外，还应确保辅助物流园区正常运转的工商、海关、税务、商检、保险、银行等服务机构能够顺利入驻物流园区，为物流园区各项工作以及业务开展提供系统、全面的服务。

（二）物流园区周边设施资源

物流园区是物流活动的重要节点，而货物的流通要依赖于公路、铁路、航空、水运等道路交通资源，因此物流园区的发展需要占用大量的道路交通资源。道路交通设施对物流园区的发展具有重要的作用，同时也是对物流园区影响最大的要素资源，良好的道路交通设施是物流园区正常开展物流活动的基础和保证。除了需要在物流园区内部建设良好的道路交通等基础设施外，物流园区周边也要有畅通、良好的道路交通设施资源。物流园区周边的道路交通是否畅通、道路交通设施是否良好等因素也是物流园区发展的重要设施资源。物流园区周边良好的道路交通设施和畅通的交通环境直接影响了物流园区企业入驻的积极性，也是物流园区货物周转等物流活动速度和物流活动效率的重要保证，因此物流园区周边的道路设施要完备，并最好远离城市中心区，这样可以确保物流园区的物流活动能够正常、有序、高效开展，并且可以最大限度地降低和减少对物流园区周边企业、机构以及居民等生产、工作、生活等方面的影响。

（三）物流园区区域外的道路交通基础设施资源

交通系统中的交通运输类型以及流量、运输方式、到达车站或者港口的方便程度等都是影响物流园区物流活动的重要因素。目前，中国的交通基础设施建设越来越完善，已经形成了由公路、铁路、航空、水运等组成的系统完善的物流运输网络系统，基本覆盖了国内各个区域。公路网络已经形成五纵七横的分布格局，铁路网络已经形成五纵三横的分布格局。

1. 公路网络的五纵七横布局

目前，中国的公路网络体系主要以高速公路为主体，形成了五纵七横的主干道公路网络体系。五纵总里程长度15590千米，主要指：同江至三亚线路，总长度大约5700千米；北京至珠海线路，总长度大约2717千米；重庆至湛江线路，总长度大约1430千米；北京至福州线路，总长度大约 2420 千米；二连浩特至河口线路，总长度大约 3610 千米。七横总里程长度 20300 千米，主要指：连云港至霍尔果斯线路，总长度大约 3980 千米；上海至成都线路，总长度大约 2770 千米；上海至瑞丽线路，总长度大约 4900 千米；衡阳至昆明线路，总长度大约 1980 千米；青岛至银川线路，总长度大约 1610 千米；丹东至拉萨线路，总长度大约 4590 千米；绥芬河至满洲里线路，总长度大约 1483 千米。中国五纵七横的公路网络形成了区域和省际之间的东西横向连接、南北纵向连接的格局，与其他国道、省道、县乡公路等共同组成了中国的公路基础设施网络，为中国物流产业及物流园区物流业务的发展提供了坚实的公路设施保证。

2. 铁路网络的五纵三横布局

目前，中国的铁路网络体系主要是五纵三横的主干铁路网络体系。五纵铁路线路主要指：①京哈线至京广线线路，总长度大约 3712 千米。京哈线开始于北京并全程贯穿天津、河北、辽宁、吉林、黑龙江，终点哈尔滨是东北北部最大的城市，是东北通往首都北京和全国各地的铁路主干线路，全长 1388 千米。京广线从北京开始，贯穿河北、河南、湖北、湖南和广东等，终点是广州，该铁路线路贯穿中国中部地区，将整个华北平原地区、长江中下游平原地区和珠江三角洲地区系统地连接起来，整个铁路线路总长度为 2324 千米。②京沪铁路线路，北端从北京开始，贯穿河北、天津、山东、安徽、江苏和上海，终点是上海，该铁路线路是中国东部沿海地区南北交通主干道，将天津港、青岛港、烟台港、石臼所港等重要港口连接起来，线路全长 1462 千米。③京九铁路线路，北端从北京开始，途经天津、河北、山东、河南、安徽、湖北、江西、广东，最终到达香港特区九龙，线路全长 2364 千米。④北同蒲—太焦—焦柳铁路线路，北部从山西大同开始，贯穿山西南北，经焦作到襄樊、枝城、怀化，终点到柳州，将京包线、陇海线连接起来，是与京广线平行的铁路干线，全长 2395 千米。⑤宝成—成昆铁路线路，北部从陕西宝鸡开始，途经四川成都、攀枝花，到达南部的云南昆明，贯穿秦巴山地、成都平原和云贵高原，是中国西南地区的一条重要铁路干线。三横铁路线路主要指：①京秦—京包—包兰—兰青—青藏铁路线路，东部始于河北秦皇岛，途经北京、河北、山西、内蒙古、宁夏、甘肃，将京秦线、京包线、包兰线、兰青线和青藏线连接起来，贯穿冀北山地、内蒙古高原、河套平原和宁夏平原，是中国北部地区东西走向的重要铁路主干线。②陇海—兰新线，东部始于江苏连云港，途经江苏、安徽、河南、陕西、甘肃、新疆，贯穿黄淮平原、黄土高原、河西走廊、吐鲁番盆地和准噶尔盆地，全长 4213 千米，将经济发达的东部沿海地区与西北边疆地区连接起来，是一条具有经济、政治和国防三重意义的铁路骨干线路。③沪杭线—浙赣线—湘黔线—贵昆线铁路线路，东部始于上海，途经上海、浙江、江西、湖南、贵州和云南，贯穿长江三角洲、江南丘陵和云贵高原，是一条横贯中国江南地区的东西走向的铁路主干线路，全长 2598.5 千米，与长江航线相辅相成。

　　发达的道路交通运输网络以及完善的道路交通设施为中国物流产业以及物流园区的物流活动提供了重要的物流通道。

二　物流园区发展的物流技术资源

　　物流园区的发展除了基础设施资源以外，还需要大量的机械工具、运输工具以及各种信息技术等资源，它们共同为物流园区的物流活动提供支持和保障。

（一）物流信息技术资源

　　诞生于 20 世纪 60 年代的互联网技术已经彻底改变了我们当前的生活方式以及企业的生产及运输方式，也促进了物流产业的发展。物流信息技术是指现代信息技术在物流行业各环节的应用，是物流行业信息化、现代化、集成化的重要标志。从数据采集的条形码系统到全球定位系统，从办公自动化系统中的计算机、各种终端设备到各种应用软件及互联网，都在日新月异地发展。①

---

　　① 李笃：《浅谈物流信息技术在现代物流行业中的应用》，《技术与市场》2016 年第 7 期。

1．物流信息输入输出技术

物流信息输入和输出技术主要涉及条形码技术、二维码技术、EDI 系统、电子订货系统、无线电拣货系统、数字显示拣货系统以及门店管理系统等，这些物流信息技术为物流信息的共享和利用提供了保证。

2．整合物流节点的信息技术

物流节点的整合可以通过物流企业或物流园区自建网上营业厅、运营平台、交易平台、共享网络等方式实现，也可以依托电子商务、商业服务等大型平台来实现。

3．整合网络物流资源的信息技术

随着网络技术的飞速发展，相对于传统的网站，目前出现了各种新媒体工具和应用。微博、微信、微信公众号、网络社区以及各种 APP 等新媒体工具和应用工具被广大网民所广泛使用，同时也为网络物流资源的整合带来了巨大的机遇。这些新媒体技术、工具和应用可以实现社会化、本地化、移动化以及实时化的网络物流资源的整合。

4．物流智能化管理信息技术

随着信息技术的发展，各种各样的智能终端设备不断出现，为物流信息的上传和下载提供了信息技术的保证。智能电视、智能手机、智能手表等智能终端设备可以将线下的物流节点的所有操作过程信息、发生的灾害信息等全面接入这些物流信息平台或信息系统，从而实现整个物流过程的智能化管理。

5．物流过程可视化信息技术

云计算、物联网、大数据、监控设备以及移动互联网等技术被广泛应用于企业的生产、经营以及管理等各种活动中，同样，这些技术的发展也为物流过程的全程可视化提供了技术的支持和保证。

6．物流资源整合技术

物流园区内的物流企业、服务机构等各个主体都拥有大量的物流原始数据以及物流原始信息，而这些原始数据和原始信息是物流业内最重要的宝贵资源。这些原始数据和原始信息经过大数据挖掘技术、云计算技术等进一步深入加工，可以产生出许多有价值的物流信息，这些物流信息是物流业资源整合的重要基础和保证。由此，各种物流信息服务平台、物流信息系统、物流服务网站等可以对这些物流信息进行挖掘处理，将这些物流及相关信息共享，实现物流资源合理整合利用。具体来讲，就是要充分调动物流园区内部以及物流园区外部的所有物流及物流相关资源，实现仓储、运输工具、装卸工具、物流运输路线规划等各种物流活动的最优化，提高物流及相关资源的利用效率。同时，还应该利用这些物流信息服务平台实现物流信息的共享，完善货物定位追踪、损毁理赔、顾客服务等所有工作，更好地提升物流服务水平和顾客满意度。

国内发达的信息技术、网络平台技术、物联网技术、移动通信技术、智能识别及跟踪技术在企业和个人中的广泛应用，为物流园区的物流业务提供了信息保证和支持，也为物流信息共享提供了基础和保证。

（二）物流机械工具资源

物流园区的物流活动需要货物装卸机械来保证货物的正常、高效装卸；需要货物包装工具、仓储管理的货架等工具、码垛机械及货物分拣工具、各种车辆等运输工具。这些物流机械工具资源可以保证物流园区物流活动的正常开展和高效运营。

三　物流园区发展的网络基础设施及应用资源

截至 2016 年 12 月，中国域名总数为 4228 万个，其中 ".cn" 域名总数为 2061 万个（占中国域名总数比例的 48.7%），".中国" 域名总数为 47.4 万个。截至 2016 年 12 月，中国网站总数为 482 万个，".cn" 域名下网站数为 259 万个。截至 2016 年 12 月，中国网民规模达 7.31 亿人，全年共计新增网民 4299 万人；互联网普及率为 53.2%，较 2015 年年底提升了 2.9 个百分点。截至 2016 年 12 月，中国手机网民规模达 6.95 亿人，较 2015 年年底增加 7550 万人；网民中使用手机上网人群占比由 2015 年的 90.1% 提升至 95.1%。截至 2016 年 12 月，中国网民中的农村网民占比

27.4%，规模达 2.01 亿人，较 2015 年年底增加 526 万人。截至 2016 年 12 月，中国网民通过台式电脑和笔记本电脑接入互联网的比例分别为 60.1% 和 36.8%；手机上网使用率为 95.1%，较 2015 年年底提高 5.0 个百分点；平板电脑上网使用率为 31.5%；电视上网使用率为 25.0%。截至 2016 年 12 月，中国企业使用计算机办公的比例为 99.0%，使用互联网的比例为 95.6%，通过固定宽带接入方式使用互联网的企业比例为 93.7%，移动宽带为 32.3%；开展在线销售、在线采购的比例分别为 45.3% 和 45.6%；利用互联网开展营销推广活动比例为 38.7%；有六成企业建有信息化系统，相比 2015 年提高 13.4 个百分点，在供应链升级改造过程中，企业日益重视并充分发挥互联网的作用。截至 2016 年 12 月，全国开展在线采购的企业比例为 45.6%，得益于互联网金融、云服务等新兴企业服务市场的发展，服务于企业采购的电子商务平台正在向集信息流、资金流、物流于一体的综合性供应链协同服务平台转型，企业在线采购流程更加便捷、安全。①

中国互联网技术在政府、企业、服务机构以及个人应用中的普及提升了政府、企业、中介机构的工作效率，同时也方便了居民个人的生活购物。因此，互联网的普及和应用为物流产业以及物流园区间信息共享提供了基础和保证。

四　物流园区发展的人力资源

物流园区内部的协调和物流园区外部之间的协同都离不开各类、各个层次的高素质物流人才的支持。人力资源是物流园区协同发展的关键要素，是物流园区和物流企业发展的最重要战略资源，物流园区及物流企业间的竞争归根到底还是人才的竞争，物流人才的质量直接决定了物流园区未来是否能持续、健康发展。

物流产业是一个由多种行业融合而成的产业，具有多行业相关

---

① http://www.cnnic.net.cn/hlwfzyj/hlwxzbg/hlwtjbg/201701/P020170123364672657408.pdf，2017 年 7 月 9 日。

性、服务性和综合性等特征，因此，物流园区的发展需要各类人才的支持。物流园区的发展需要高级物流管理人才、需要基层物流管理人才、需要物流专业技术人才，还需要中介服务人才。

五　物流园区发展的金融资源

物流园区的现代化、智能化、自动化也需要大量的资金支持。银行、信用抵押贷款机构、风险投资机构等是物流园区发展所需资金的重要来源，是物流园区发展的重要金融资源。

第三节　物流园区发展流通要素

物流园区作为物流活动的重要节点，在物流活动的整体过程中处于重要的位置。物流活动中的流通要素主要包括物流货物、物流货物流通载体、货物流动方向以及货物运送量四个方面。

一　物流货物

物流活动普遍存在于社会经济和人们的生活中。企业生产所需要的原材料、零部件等生产要素的流转均有物流活动的身影；企业生产出的商品在商品流通环节中也有物流的身影。在社会生产和商品流通中涉及的物流货物主要有生产所需的原材料、零部件、半成品、能源物资等物质资料，也有人们工作生活所需的各种工具、食品、保健品、药品、饮料等工作生活资料。目前物流园区所承担的货物种类繁多，几乎涵盖了工业、农业、商业等所有货物。

二　物流货物流通载体

物流园区中的货物最终是要完成空间的移动。物流货物在流通过程中需要装卸、仓储、运输等各种装卸和运输装载工具。物流园区内的货物流通载体主要有货物的装卸搬运工具、流通加工工具、仓储码垛工具、仓储运输工具等。通过短途运货卡车、货运箱车等运输工具将物流货物运送到车站、码头、港口、机场等物流节点，再通过长途货运汽车、货运火车、邮轮、货轮、运输飞机等运输工具发送到世界各地。这些运输工具组成了物流园区货物流通的装卸和运输载体，为物流活动提供了流通载体的保证。

三　货物流动方向

物流园区作为物流货物的重要集散地和物流活动的重要节点，既接收来自全国各地乃至世界各地的物流货物，同时也将汇聚到物流园区的货物发送到全国各地和世界各地。物流园区内的货物有进也有出，为世界经济发展和人们生活提供了支持，更促进了世界经济的发展和商品的流通。

四　货物运送量

随着经济全球化的发展，世界经济已经逐渐成为一个整体，实现了世界范围的生产资料流通。电子商务的飞速发展、数字货币支付的普及和应用，极大地促进了商品在世界范围的流通。而物流园区作为重要的货物集散地和重要的物流活动节点，在世界经济发展以及人们生活中承担着货物、生产资料等的流转任务。因此，物流园区每天都会集聚大量的货物，也会向世界各地发送大量的货物，每天的货物运输及发送数量巨大，为全球经济的发展做出了重大的贡献，是世界经济发展和人们生活不可或缺的重要力量。

物流园区的四个货物流通要素相互影响、相互制约。物流园区内流通货物的尺寸、形态、性质等决定了物流货物装卸以及运输载体的规模和类型。物流货物装卸和运输载体的承载量会直接影响物流园区货物的流量。

第四节　物流园区发展环境要素

物流园区的出现和繁荣是现代经济和社会快速发展以及物流产业飞速发展的必然结果，物流园区的发展与物流产业的发展紧密相连，没有物流产业的发展就没有物流园区的发展。物流园区的发展促进了经济的发展，提升了物流企业的效益，同时也极大地满足了人们的购物需求，进而产生了巨大的社会效益。物流园区的持续、健康发展离不开良好的经济发展环境，离不开国家以及各级地方政府对于物流园区的发展给予的政策支持。

物流园区也是一个国家经济发展和社会发展所需环境的重要组成部分，与其所在的区位环境、市场环境、交通环境、客户主体及需求、国家政策环境等息息相关，这些环境要素对于物流园区的健康、持续发展具有决定性作用。

一　物流园区发展的区位要素

物流园区所在的位置、物流园区周边的自然地理环境、物流园区的交通网络环境状况、物流园区与外部交通的衔接状况、物流园区的辐射范围和经济腹地状况、区域中心状况等因素对物流园区的发展具有重要的影响作用，其所处区位的优劣直接决定了物流园区的生存和未来的发展。

二　物流园区发展的产业环境要素

物流园区的发展需要有市场经济规模的支撑，只有当地的经济发展到了一定的规模后才会有相关的物流活动。物流产业伴随着物流活动逐渐发展壮大，物流产业发展的好坏对物流园区的发展也具有促进和阻碍的作用。物流产业发展良好则会促进物流园区的发展，反之会阻碍物流园区的发展。物流园区要想在激烈的市场竞争中生存和发展，就需要有大量的规模企业和市场客户来支持，因此其也面临着物流产业内其他物流园区以及下面层级的物流节点的影响。物流园区与市场环境两者相互影响、相互作用、互为条件，都需要相互扶持才能更好地发展。物流园区周边货物的主要品类、货物的主要流量、货物流向以及物流产业发展状况等都是重要的物流市场环境要素，也会对物流园区的发展产生各种各样的影响和作用。

三　物流园区发展的经济环境

作为经济发展的重要组成部分，物流园区的发展与当地、区域内、区域外的经济环境要素均密不可分。区域内的工业经济发展强盛则利于物流业及物流园区的发展，区域内的服务业处于经济发展主导地位也有利于推动经济健康稳步发展。当前，经济发展的产业布局、产业结构以及产业集聚等状况，区域间经济发展联系的紧密程度、经济发达程度以及未来经济发展潜力，不同区域之间产业格局以及产业形态是否趋同或者形成互补等状况，都会对物流园区的发展产生重要的影响。

物流园区辐射范围内的产业结构决定了物流园区应该提供什么类型的物流服务，不同的产业结构对于物流园区所提供的物流服务水平和规模的要求也不同，因此物流园区的物流业务与周边经济环境发展密切相关。

四　物流园区发展的客户及需求环境

区域内客户的需求是影响物流园区发展的重要因素。物流园区属于服务行业，其所面对的消费者对于物流服务有不同需求，因此物流园区必须能够提供使这些消费者满意的服务，并符合消费者的期望，这样物流园区才能够在区域内存在与发展。

五　物流园区发展的国家政策要素

作为现代物流的一种新兴的物流发展形态，物流园区在其具体的发展过程中需要政府给予更多的优惠政策来予以支持和鼓励，并为其发展保驾护航，以便更好地实现物流园区的社会效益和经济效益。

2007年3月，国务院在《关于促进服务业加快发展的若干意见》中，明确将物流业的发展列入重点发展领域，提出大力发展第三方物流。2008年3月，商务部发布了《关于加快流通领域现代物流发展的指导意见》，在政策措施方面明确提出应"加大对流通

领域现代物流企业和物流园区的政策扶持。支持具有较强辐射能力
的物流园区对仓储设施、信息系统的升级和改造项目"。① 2009 年
3 月，国务院在《物流业调整和振兴规划》中，将"物流园区工
程"列为九项重点工程之一，并在《国民经济和社会发展第十二个
五年规划纲要》中强调大力发展现代物流产业。2011 年 3 月，国
家发改委、商务部和供销总社共同印发了《商贸物流发展专项规
划》，要求开展诚信经营示范活动，加强物流企业、物流园区信用
体系建设。2011 年 8 月，国务院办公厅在《关于促进物流业健康
发展政策措施的意见》中，提出了要加大对物流园区等物流基础设
施的土地政策支持力度，从税收政策落实情况、清理和规范交通运
输环境、对城市配送的政策支持、对物流项目的政策支持、重视农
产品物流、鼓励民间资本进入物流领域、取消物流领域不合理收费
七个方面阐述了促进物流产业发展的相关政策。2012 年 8 月，国
务院在《关于深化流通体制改革加快流通产业发展的意见》中，提
出了要大力发展第三方物流，促进企业物流社会化，支持大型物流
配送中心及农产品冷链物流设施建设，支持流通企业建设现代物流
中心，引进现代物流和信息技术带动传统流通产业升级改造。2012
年 12 月，商务部在《关于促进仓储业转型升级的指导意见》中，
提出了要引导仓储企业由传统仓储中心向多功能、一体化的综合物
流服务商转变，提出了未来五年物流仓储业效率提升的目标。2013
年 9 月，发改委等 12 个部门联合印发了《全国物流园区发展规
划》，提出了中国物流园区发展的总体目标、基本思路、主要任务
和保障措施。② 2014 年 9 月，国务院在《物流业发展中长期规划
（2014—2020 年）》中，将物流园区工程列入 12 项重点工程之一。

---

① 海峰、刘勤：《物流园区规划设计与运营管理》，华中科技大学出版社 2016 年版，第 334 页。
② 中国物流采购联合会、中国物流协会：《中国物流园区发展报告》，中国财富出版社 2015 年版，第 1—5 页。

第四章　物流园区协同发展模式

第一节　物流园区协同发展相关内容

一　物流园区协同发展功能

物流园区协同发展的功能主要体现在供应链的有效运作和管理、物流资源的优化配置和物流行业的可持续发展三个方面。

（一）实现供应链的有效运作及管理

物流园区作为物流活动的重要空间集聚场所和重要物流节点，集聚了大量的物流基础设施资源、物流人才资源、资金资源等，并使得大量的物流及其相关的信息等交汇于物流园区。物流园区可以充分保障生产制造企业和商业企业等的各类原材料、零部件、半成品等资料和产品在整个供应链中进行有效的传递和实现完美的衔接，从而为供应链中的各相关主体提供更高效的服务。物流园区拥有规模化和集中性的物资储备优势，可以克服以往物流中心、物流基地等实施分散储备的不足。发展成熟的物流园区都具有非常强大的物流调节能力，在有效保证供应链上各相关企业的生产、供应、销售活动的同时，还可以有效地降低整个供应链上流动的物资的总体库存量，并有效提高整个供应链上的物资流动效率和各相关主体的自身效益。

在整个物流园区网络系统中，物流园区之间可以通过相互的协同运作，依据物流园区信息网络服务平台实现跨物流园区和跨经济发展区域的物流相关决策和物流调度活动，从而实现供应链生产制造企业的 JIT 生产，实现生产制造企业的零库存运转。依据系统、完善的物流信息网络服务平台，通过各个物流园区之间的相互协同和运作，可以有效地促进物流业务活动的开展，促进相关企业延伸物流服务链条，从而扩大企业的经营范围，实现企业的跨区域经营。物流园区之间的相互协作，可以实现供应链上相关企业生产活动的同步运行，实现供需资源的有效匹配。通过供应链企业和物流企业之间的密切配合，通过定制化的拉动式生产，可以最大限度地减少生产企业的库存，有效促进生产加工企业正常的生产经营活动。通过物流信息网络服务平台，可以有效地解决过去为应对那些提供不同物流服务的物流企业而产生的人力、资金、时间等资源的浪费，从而有效地降低生产及交易成本。

（二）实现物流资源的优化配置

物流业是社会和经济分工发展到新阶段的必然产物，其对社会和经济发展中的物资流通具有重要的调节作用，在社会生产以及人们生活等各种生产资源和生活资源的优化配置方面具有非常重要的影响，能够有效地促进区域产业的发展和当前的产业结构调整，更好地为社会经济发展和人们生活服务。物流园区作为物流业的重要节点，是联系生产制造企业、商家和最终消费者的产、供、销活动的重要纽带。物流园区之间通过相互协同运作可以有效地实现社会生产、人们生活等各个领域的资源整合和优化配置，并有效地提高物流运输和物流配送等工作的效率。通过各个区域内的各个物流园区之间的有效协同，可以实现公路、铁路以及水路等不同运输方式的有效衔接与选择，有效降低和减少物流活动过程中的反复装卸和倒运等作业环节，降低货物损耗和差错，从而有效地降低物流活动相关费用。物流园区之间通过有效协同，可以充分实现优化物流活动的货源集散调度，实现区域物流资源的有效整合和协同优化配置，有效地降低铁路车皮、货运车辆、水运船只等货物运输工具的空载率，最大限度地提高物流配送和运输的工作效率，提升交通运输工具效率。物流园区之间通过有效协同还可以提高货物保管、流通加工、包装以及周转等作业的效率和质量，并根据具体物流作业活动的实际需要来开展不同物流货物的拆分或者拼装等业务，从而有效提升公路、铁路、航空以及水路等交通运输工具的运输效率。

各个区域内以及同一区域内物流园区之间的协同发展，既可以有效实现物流各个环节的产品和服务增值，又可以有效消除生产供应企业与消费者之间由于时间和空间而产生的障碍，打破以往地区之间的条块分割，有效地增强区域经济发展之间的协作，消除区域市场之间的壁垒障碍，从而高效率地推动区域物流等相关的基础设施资源、人才资源、物质资源等的共享，充分实现产业之间的互补以及社会经济资源的整合和优化配置，促进社会经济繁荣和发展。

（三）促进物流行业可持续发展

物流企业是物流园区内的重要组成主体，是物流园区内部各相关物流资源的主要使用者和物流园区内部物流服务活动的直接提供者，而物流园区则是物流园区内部各物流企业获取各种协作资源以及各种物流信息的最重要的来源。物流园区是区域物流合作以及各个基层物流节点企业相互之间开展合作的重要纽带，因此，不同区域以及同一个区域内的物流园区之间的相互协同运作，能够推动区域物流之间的合作以及各个基层物流节点企业之间的全方位合作，物流园区在这个合作的过程中扮演着承上启下的重要角色。物流园区之间依托物流信息网络服务平台开展协同合作，可以有效增加物流企业之间的合作机会，突破区域经济的条块分割，有效地提升各个物流企业自身的竞争力、工作效率和服务水平，促进物流业内资源的整合和优化配置。物流园区之间的协同运作既整合了物流园区内部的物流设备和设施等相关物流资源，还有效整合了物流园区外部的铁路运输资源、公路运输资源、航空运输资源、水路运输资源以及海运等沿河、沿海港口码头等各种交通运输资源，并且高效地将这些物流运输资源融合到整个物流网络系统中，形成点、线、面一体化的物流服务网络，充分发挥各个物流园区的组织协同优势，促进区域以及整个国家乃至世界物流业的健康发展和可持续发展。

二 物流园区协同发展特点

吴文征（2012）在其博士学位论文中指出，物流园区的协同发展具有战略性、开放性、层次性、网络效应和动态稳定性五个方面的特征。

（一）物流园区协同发展具有战略性

物流园区之间的协同发展实现了区域内以及区域外的物流园区跨地域之间的相互协作。各个物流园区不会直接参与到具体的物流运作之中，但是各个物流园区之间的这种相互协同可以有效地促进区域之间的物资流通，促进区域经济的发展，提升区域经济运行的效率。因此物流园区的协同具有重要的战略意义。

（二）物流园区协同发展具有开放性

一个物流园区只能整合有限的物流资源，封闭和自我保护会导致物流园区对其外部的物流园区缺乏协作、竞争，也会导致物流园区内部的物流技术和各种信息等资源高度趋同，使得物流园区内部各主体之间所拥有的各种相关资源的互补效应消失，这种状况非常不利于创新思想以及相关物流技术和相关物流人才等的引入，从而使物流园区逐渐丧失竞争能力以及自身的竞争优势。多个物流园区之间的相互协同可以有效实现跨区域的物流资源整合，并且可以实现物流运作流程的有效衔接，改变单一物流园区的封闭性和区域性的物流服务体系。通过物流资源的开放和信息共享实现物流园区之间具有差异化的物流资源的互补效应，从而实现区域物流的整体竞争能力的提升，实现开放性、社会化的物流资源整合，最大限度提高各种物流资源的使用效率，使得各个物流园区都能获得更多直接和间接的经济和社会效益。

（三）物流园区协同发展具有层次性

物流网络体系主要由众多的物流企业仓库、配送中心、货运中转站、物流中心以及物流园区等不同等级的物流节点构成，每个物流节点都在物流活动中扮演着各自不同的角色，承担着不同的任务，履行不同的职责，并且构成物流网络体系中的这些物流节点相互之间的一定的层次性。下层的物流节点支撑上层物流节点的发展，而上层物流节点则引导和吸引下层物流节点的各种物流活动，上层的物流节点和其下层的物流节点之间形成相互作用、相互影响的关系。物流园区之间的协同发展可以使物流网络体系中的各层级物流节点之间形成竞争有序、主次分明的物流体系，并有利于整个物流业务的开展。

（四） 物流园区协同发展具有网络效应

网络思想认为，各个物流园区都处在一个系统的网络中，物流园区之间通过资源等的交互协作可以弥补物流园区资源以及功能等方面的不足。

物流园区的协同可以有效实现物流配送路线的规划和优化，可以实现各个不同物流园区节点之间的相互促进和资源互补，可以实现整个物流网络体系中的所有物流园区效率的提高和价值的提升。

物流园区之间的协同还可以有效实现物流网络体系中的各种物流基础设施资源、物流人才资源、物流资金资源、物流运输资源、物流信息资源等的共享，使各个物流园区获得比单个物流园区更多的物流资源和信息，并能提升整个物流网络系统的整体工作效率，提高整个物流业的服务质量，产生更多的社会效益及经济效益，从而发挥物流网络系统的组织优势，发挥更大的网络优势。

（五） 物流园区协同发展具有动态稳定性

各个物流园区之间的网络化协同发展使得物流园区内的众多物流企业之间可以在更广大的范围内开展合作和竞争，非常有利于物流企业之间的跨区域以及跨物流园区的协作，可以最大限度地降低各种物流运作的风险和物流市场需求风险。物流园区之间的网络化协同发展使得生产制造企业以及商家等主体可以更好地实现供应链的整合，更好地满足生产制造企业和商家对物流的市场需求。物流园区之间的协同运作使得各个物流园区之间形成了战略联盟，从而为物流企业实现跨物流园区和跨区域的合作等提供了比较全面的保障和运作基础，因此各个物流园区之间的相互协同具有非常强的稳定性。

三　物流园协同发展模式构建动因

物流园区作为区域经济以及产业集聚的产物，是区域物流资源的重要载体，因此物流园区协同发展是经济和社会发展到一定阶段的必然产物，其产生和发展符合社会和经济发展的潮流，对经济和社会发展具有重要的意义。吴文征（2012）在其博士学位论文中，从交易理论、产业集聚、动态组织关系三个视角分析了物流园区相互协同的动因。

（一）基于交易理论的物流园区协调发展模式构建动因

在市场中，存在一些信息不对称、不完全竞争、不确定性和机会主义行为等，因此新制度经济学认为交易费用应包括市场谈判成本、搜寻成本、合同拟定成本和监督执行成本等。在物流系统中，各物流节点之间通过网络协作实现了各种有形资源和无形资源的共享，从而减少了各个物流园区在搜寻合作对象时的相关成本，更容易建立起基于相互承诺和信任的风险抵御机制等，从而可以有效降低物流园区的物流经营活动的相关交易费用。从交易理论的角度解释，物流园区的建立可以实现对大量具有沉没成本特性的基础设施设备进行集中化、规模化以及规范化管理，通过大量物流企业"共享"这些物流专用性资产，在相对集中的空间场所和信息平台上进行交易，并由此减少了物流资产专用性高带来的、在横向或纵向合作中存在的资产投入成本分摊问题、机会主义行为等合作不确定性风险。

（二）基于产业集聚的物流园区协调发展模式构建动因

区位理论思想认为，相互关联密切的企业在空间上的集聚能够有效地解决资源有限性与企业规模化发展之间的矛盾。在一定时期内，企业空间集聚程度越高，所产生的规模经济效应就越明显，专业化分工与协作程度就越深。经济理论表明，资源禀赋的空间差异以及生产与消费的时空差异是产生物流活动的直接刺激因素。物流园区作为物流节点系统的新型业态，是地区经济发展到一定阶段的必然要求，也就是说，产业集聚与经济集中化是物流园区形成的外在要求。① 产业集群相关理论认为，由于产业组织之间在地域上临近并且相互依附，拥有丰富的资源，加上拥有组织优势，所以它们可以更好地适应信息社会大量获取和高效处理物流信息的要求。物流园区之间的协同运作有助于物流集群网络节点之间的竞争合作，可以提升物流企业的竞争优势，进而提升物流园区的群体竞争力。

（三）基于动态组织关系的物流园区协调发展模式构建动因

在市场经济环境下，由于产品的生产成本和相关的物流费用各不相同，从而导致了众多异地厂家在同一市场相互竞争，其结果就会衍生出物流服务在地域上的势力边界，由此，各个物流节点在相互激烈的竞争中逐渐实现了各自在合理空间内的服务范围。但是，随着物流市场需求的迅速扩大和发展、供应链的不断延伸、物流服务运输方式等的不断变化，各物流节点间的边界逐渐模糊，各自服务范围相互渗透、相互融合。经济全球化以及区域经济联系得越来越紧密，导致物流活动出现全球化和跨区域化，使得各物流节点的物流作业已经延伸到其他物流节点所覆盖的优势范围，因此物流节点之间的合作是大势所趋。现代物流业已经逐渐实现了货物的仓储、货物的装卸、货物的运输、货物的分拣、货物的加工、货物的配送和物流相关信息服务等功能和业务的系统协调，并且还可以按照物流客户的个性化需求而提供一体化的多功能综合物流服务，使得物流园区实现了物流、商流和信息流的有机结合。

区域经济影响范围的不断扩大，导致了企业供应链的不断延伸，由此，企业供应链的竞争范围也在不断扩大，这就要求各个物流节点必须提供更加系统且灵活的物流服务来更好地满足那些有需求的生产制造企业的柔性化生产、JIT 生产。生产制造企业的柔性化生产、JIT 生产要求物流节点能提供批量小、时效强、频率高、速度快的物流服务，而单个的物流配送中心或物流中心则很难提供这样的物流服务。要想满足生产制造企业的柔性化生产和 JIT 生产，物流园区就需要通过共享相关的物流基础设施和物流信息平台

---

① 吴文征：《物流园区协同研究》，博士学位论文，北京交通大学，2012 年。

等资源，将那些分散的货运存储仓库、场站以及物流中心等资源都整合到物流园区，从而实现物流运行效率的有效提升以及物流活动的规模化经营。当前，经济的快速发展和人们购物等生活习惯的快速变化都会导致物流需求环境的巨大变化，物流园区的经营和管理模式也必须随之发生转变。随着物流市场竞争的日益激烈，在共同利益驱动下，物流园区之间开始实施跨区域合作。物流园区跨区域合作实现了物流园区内部物流资源和物流园区外部物流资源的有效整合，实现了物流园区之间的各种物流资源共享，进而可以更好地实现物流园区之间的优势互补，以及物流作业的网络化运作和协同。物流园区之间的这种网络化协同运作可以有效地降低物流活动成本，实现物流园区与各相关的物流节点、物流企业和区域经济发展的多方共赢。

四　中国现有物流园区发展经典模式

（一）经济开发区模式

经济开发区模式的物流园区大多位于城市的新经济规划区域。在这些区域，可以对其中的产业进行有规模的组织和开发。可以运用科学的方法，结合开发区的实际情况，将博弈论和协同学等理论用于物流园区的建设中，以便更好地促进物流园区的发展。物流园区既有物流组织管理的功能，也有经济发展的功能，物流园区的这种双重特性使得建立在经济开发区模式上的物流园区实际上就是一种在新的经济发展背景下的全新经济开发区项目。同时，凭借现代物流的发展趋势、特点及其在经济发展中的地位和作用，物流园区已经成为构筑高效率经济发展模式、转变经济增长方式与增长质量的新经济发展体系中不可分割的重要组成部分。

以政府为主导、引入合作企业的物流园区发展模式主要由政府负责整体规划，通过政府财政出资对物流园区重大基础设施进行开发和建设，物流园区企业主要负责经营管理以及一些其他的相关物流配套项目的建设。政府只是物流园区建设的投资者，而不是物流园区的具体经营者。这种物流园区的开发模式可以使政府通过物流园区的建设来拉动当地相关产业发展，降低社会生产的总成本，从而实现地方经济的发展；这种物流园区的发展模式还可以有效地解决城市功能的紊乱，更好地缓解交通拥挤问题，合理规划和调整产业布局；这种物流园区的发展模式更可以带动当地制造业和零售业的发展，为物流园区服务半径内的相关企业创造出良好的投资环境等，同时可以使得那些在供应链中具有竞争优势的企业率先入驻物流园区，在各项相关政策的合理引导和激励下，吸引工商等管理机构、相关物流企业、相关金融机构以及中介服务企业等入驻物流园区，实现物流产业资源在物流园区内的聚集，从而实现物流园区开发和建设的目的。

（二）主导企业引导模式

对于物流园区内的多家企业，那些在市场竞争中有优势的企业被称为主导企业；而由在市场上有竞争力企业带动其他小的企业的发展模式，被称为主导企业引导模式。主导企业在物流经营管理和企业供应链管理中具有良好的工作效率和优秀的企业文化，在它们的带动下，可以推动物流园区招商引资，加快物流园区建设，形成具有一定规模化、科学化管理的物流系统，并由此降低物流成本，提高物流效益。企业是物流园区的主体，在物流园区的管理与运行中占有主导地位，因此，选择物流园区内带动其他企业发展的主导企业时，应该选择那些符合市场经济环境的主导企业，占据市场的资源优势，由优势企业带动无优势企业，降低企业和物流园区的风险，这样才能使物流园区长期平稳发展。

（三）工业地产商模式

所谓工业地产商模式，就是在政府的领导下，将物流园区的开发建设以及日后的经营权力等统一交给物流园区的工业地产商，由它们进行统筹管理、经营。这种物流园区的发展模式具有投资大、回收效益期长、区域局限等特点。对于地产开发商来说，需要具有雄厚的资金能力。对于政府来说，一般只是在政策上提供一些优惠政策。园区内的资源的整合主要由物流园区地产开发商来负责，园区内的物流操作、交通建设以及与其他物流园区的沟通，也都是交给地产开发商来负责，这样就要求开发商还要有良好的运作团队。政府在工业地产商物流园区模式中起到的主要作用就是：给予其在发展方向上的引导。

在这一模式下，房地产开发商以及投资商专门投资开发物流设施，在开发完成以后一般不去经营物流园区，而是将其出租给物流公司去具体运作。这种物流园区的建设和发展模式具有盈利周期长的特点，无论是政府还是企业本身都无法承受如此巨大的、由物流基础设施建设所带来的资金压力，需要那些拥有较强实力的物流地产商来对物流基础设施进行投资开发，在建成以后通过招商的方式进行运营。这样就可以有效地减轻政府和企业的资金筹措压力。

（四）综合运作模式

物流园区的综合运作模式是指对前文中所讲的三种物流园区运作模式的综合应用，即主导企业引导、经济开发区、工业地产商三种模式综合运行。在物流园区综合运行模式中，政府是占据主导地位的，在经济、税收、土地上能给予有力的支持，对于物流园区的运作与管理能给予大方向上的指导，同时，还可以处理好地产开发商与园区内企业的关系，最后能建立科学的物流园区运行团队，使物流园区综合发展模式能良好地运行。

第二节　基于"政产学研资介"的协同发展模式

物流园区是生产、加工、仓储、运输、信息服务和咨询等各类物流从业者聚集的平台，是各种物流资源的重要载体。物流组织开展活动的过程，实际上就是不断地根据外部需求和环境的变化，与其他物流组织进行资源交换和协调互动的过程。物流园区所从事的物流活动可以为生产加工企业、商家以及消费者等提供服务，促进物资和商品流通，满足社会生产、生活需要。物流园区要想更好地为生产企业、商家和消费者提供优质的服务，就要尽可能地提高物流运作的效率，降低生产企业的物流成本、降低商家的物流成本、降低消费者的消费成本。

物流园区通过信息的传递、集中和调配使多种运行系统相互协调，进而提供结算功能、资金流转及融资功能、物流技术和设备研发功能、物流系统设计和咨询功能、物流市场需求预测功能、共同配送功能、专业教育与培训功能等，共同为物流园区各物流中心及相关企业服务。

物流园区可以更好地为区域经济、国家经济乃至社会发展做出贡献，更好地促进经济发展，更好地服务于社会。这就需要物流园区各相关主体密切协作和沟通，建立起有效的协作发展模式，形成一个紧密的联合体。

政府机构（政）、物流园区（产）、高等院校（学）、科研机构（研）、金融机构（资）、中介服务机构（介）是物流园区协同发展的主要参与主体，六方主体相互作用、相互促进，互为条件，缺一不可。在六位一体的物流园区协同发展模式中，各主体间的关系是以政府为指导，以物流市场需求为导向，以物流园区为中心，充分发挥高等院校、科研机构、金融机构、中介服务机构等各主体的作用，进而形成物流园区六位一体的协同发展模式。

一　各相关主体在物流园区运营中的作用

（一）政府在物流园区运营中的作用

在一个经济区域内，物流园区之间的协调发展对于经济的发展具有重要的影响。物流园区之间的有效协作可以降低物流成本，提高物流活动的效率，从而增强区域内整体物流业的竞争力，更好地为区域经济发展服务。物流园区在具体的运营过程中，涉及众多领域、众多部门，因此需要政府部门的参与。政府相关管理部门在物流园区发展、建设及运营中起着宏观调控中枢和协调沟通的作用。政府相关部门的沟通和协调可以避免因物流园区之间各自为政所导致的物流活动效率低、资源浪费以及重复投资和建设等问题。政府应推动物流园区各项标准的制定，并且还应负责相关标准的实施、推广和应用，不断提高物流园区的组织化和社会化程度，为物流园区之间的互联互通以及相互间的协调发展等创造条件。在推动物流园区之间的协同运作模式的具体实施过程中，政府应负责提供良好的外部环境，提供相应的政策，以促进各方主体积极参与物流园区的协同发展。各级政府部门可以建立由商务厅、发改委、信息产业厅、交通局、铁路局、工商局等各有关部门组成的统一协调和管理的机构来对物流产业及物流园区的发展进行监督、指导和管理等。通过制定相关政策来建立综合物流运输体系协调配合机制；通过建立和完善物流业发展的长效机制来促进各部门之间的协作配合，推进区域物流园区之间的协同运作，实现物流园区之间的信息共享、资源共享等，从而实现整个物流系统内各物流园区之间的协同发展。

政府是经济和社会发展活动的主体，负责经济发展和社会发展的各项任务。政府拥有土地、资金等众多资源，可以通过法律制度、各种规章约束经济和社会的发展，还可以通过各种政策等引导经济活动和社会的发展方向。政府在物流园区发展及运营过程中，处于主导地位，既是物流园区的建设主体也是物流园区运营的监管主体，既是物流园区建设和运营的协调主体也是物流园区发展的服务主体。

政府要为物流园区的发展制定政策法规，营造公平竞争的良好发展环境。政府在物流园区的发展中除了要做好管理者外，还要做好服务者。政府应通过培育物流中介服务机构，为物流园区及入驻物流园区内的物流企业及相关主体提供政策咨询、信息沟通、项目及技术咨询等各项相关服务，搭建物流信息沟通以及技术支持平台。政府在物流园区发展中承担着主导、协调、沟通、服务、监督等多种职责和作用。政府通过协调物流园区内各相关主体间的关系，使物流园区内各相关主体间能够实现有效沟通、和睦相处，实现物流产业及其相关资源的优化配置。

各个物流园区一起构成了物流业发展的一个大系统。为了实现系统内部和系统外部各要素的协调运作，政府要用协同发展的思想指导本经济区域内的物流园区发展，要打破以往传统的行政区划界限，制定区域物流园区协同发展的一致性政策，统一组织、协调和引导物流园区的发展。要通过建立科学的协调机制、运行机制等相关机制解决物流园区各方在协同发展过程中存在的利益冲突、不合理的行政干预、地方保护主义以及地区物流市场壁垒等问题，更好地推动物流基础设施资源、物流技术资源、物流信息资源等共享，促进物流资源各相关要素合理、有效流动，实现物流资源的整合和优化配置，实现物流园区投资方和管理方、物流企业及物流相关企业、客户以及地方政府等多方主体都能够受益的多赢目标。政府在物流园区发展中的作用可以通过以下五种方式体现。

1. 制定物流园区发展的相关法律制度

"家有家法，国有国规""没有规矩不成方圆"，物流产业以及物流园区要想持续、健康发展，也需要一系列的物流产业及物流园区发展的相关政策和法律法规。通过物流产业相关政策引导物流园区建设和发展，通过相关的法律法规对物流园区的建设、运营等活动进行规范，为物流园区的健康发展保驾护航，使物流园区的建设、运营以及物流园区内相关企业的所有经营活动有法可依，为物流园区的发展营造一个公平合理、秩序井然的良好环境，充分调动物流园区内各相关企业的积极性。

2. 制定相关扶持政策

政府通过制定物流园区发展的一系列激励政策和扶持政策，引导和促进区域内的物流园区快速、健康和持续发展。例如，为鼓励入驻物流园区的物流企业采用节能环保的运输工具和车辆、智能化的物流装卸和载运机械、智能化的物流相关技术和工具，以及在运输工具、装载工具等方面实施创新和改进，制定税收减免政策及财政补贴政策；对物流园区内相关物流企业引进的高层次物流管理人才和应用人才制定住房优惠、货币补贴等政策；对入驻物流园区的相关物流企业制定税收、融资、贷款、股票上市、债券发行、合资合作等相应的优惠政策，甚至制定社会资金进入物流产业的优惠政策，引导社会资本进入物流产业，为物流企业以及其他物流相关企业的发展提供充足的资金支持。

通过相应的扶持政策，充分引导和激励物流园区及园区内的物流企业和机构，努力提高对物流人才培养、物流技术研发、物流设备改进、先进物流技术应用的关注度，促进物流园区设备更新、新技术应用、高级物流管理和应用人才的聚集，促进各领域相关物流企业的集聚、各物流中介机构和组织的入驻，共同促进物流园区的快速发展和完善。

3. 实施对物流园区运营的监督

物流园区以及物流园区内的物流相关企业在经营、发展过程中，要严格遵守国家相关的法律法规，依法经营。政府的消防、公安、交通等主管部门要对物流园区以及物流园区内的相关企业的经营活动等做好监督工作，及时发现问题、及时解决问题，避免出现火灾、爆炸、交通等方面的安全问题，为物流园区及物流园区内的物流相关企业的运营等活动营造良好、安全的环境。

政府主管部门要做好对物流企业和物流从业人员的信用记录和管理，建立跨行业、跨地区的联合惩戒机制，加强物流信息安全管理工作，积极开展相关教育活动，并对那些泄露和转卖物流客户信息以及为贩毒等提供渠道的物流企业和个人进行严厉惩处并记入档案。此外，要对物流园区及物流业市场的竞争进行监督，对不正当竞争和垄断行为等进行严格监管，为物流业及物流园区的发展提供公平的环境。

应通过政府主管部门的监督，确保物流园区消除和降低各种火灾、水灾等突发事故，确保企业和公众的日常安全，为物流园区内的企业提供一个安全的环境。

为了更好地服务于物流园区的发展，工商、税务等政府机关可以通过网上政务大厅提供企业咨询和办理营业执照、纳税等相关业务。要努力提高工商、税务等政府机关的工作效率，努力便利于物流园区内各个企业的业务办理。

4. 实施物流园区及其入驻企业的协调沟通

政府的相关主管部门应与银行、风险投资等金融机构进行协调和沟通，向物流园区及物流园区内物流相关企业所需的银行贷款、融资等业务提供支持，并营造良好的金融环境，确保物流园区及物流园区内的企业有充足的资金开展各项业务。

政府的相关主管部门应与各相关部门沟通协商，为物流园区及物流园区内的企业所引进的高级管理人才和应用人才解决住房问题、子女入学问题以及配偶的工作问题，以吸引更多的优秀物流人才入驻物流园区工作，为物流园区的健康、持续发展提供人力资源的保证。

政府的相关主管部门应积极与区域内的高等院校、科研机构等进行沟通与协调，为高等院校及科研机构等部门提供相关的优惠政策，提高科研院所与物流园区以及物流园区内的企业开展合作的积极性，积极为物流园区及相关物流企业提供人才培养、技术研发、装载及运输工具研发和改进等业务，为物流园区的发展提供人才、技术等保障，实现物流园区的可持续健康发展。通过合作，可以使得高等院校、科研机构和物流园区三方在人才培养、技术创新、管理创新等各个领域相互促进、共同发展，从而实现多方共赢的局面和多方共赢的结果。

政府的相关主管部门应积极沟通，制定物流运输工具、仓储和转运设施、公路货运电子货单、托盘、集装袋、集装箱、管理软件接口等相关标准，使物流相关的工具、技术等实现标准化，实现各物流园区、物流企业等相关工作的无缝对接，提高物流园区的运营效率，降低物流运营成本，促进物流产业和物流园区的建设和发展。同时，入驻物流园区的商检、海关等机构应积极为物流园区企业的进出口货物等提供检验等相关服务。

政府的相关主管部门应做好与区域外的其他物流园区及该地政府主管部门的沟通，促进不同区域内物流园区的业务合作、政策衔接、信息共享等，促进不同区域、不同领域、不同类型的物流园区的合作和发展，促进物流园区及物流产业的发展。

5. 建立区域物流园区协调发展的相关机制

物流园区在物流产业发展中具有重要的作用，同时也是物流服务业的重要组成部分。在其具体发展及业务开展过程中，不断涉及众多主体，其中政府主体对于物流园区的健康、持续发展起着更重要的作用。

可在经济区域内成立物流业协调发展联席会议，其成员可以由经济区域中各行政区的主管物流业发展的部门领导组成。联席会议负责制定促进物流园区发展的相关政策措施，负责协调解决物流园区发展所涉及的重大问题，负责物流行业信息数据收集和统计，负责组织开展物流园区之间的学习和交流等各项工作。

（1）建立法制化的区域现代物流合作机制。政府应根据当地经济发展和社会发展以及物流园区发展的实际需求，争取各相关方面的支持，系统制定具有法律地位的物流园区合作的规范性文件，以政府规章或规范性文件的形式对物流园区之间的合作项目加以明确，确保物流园区之间的协调发展能得到法制保障。

（2）创设区域物流园区监察评估委员会。应选拔相关人员，设立该委员会，并在该委员会中设置相应的办事部门，主要负责日常联络、信息处理等相关工作。通过该委员会，对物流园区之间合作的相关事项，从工作目标、工作进度、法律、经济方面等进行监督检查，确保各项工作依法、依规有效执行。该委员会可以有效地维护物流园区之间相关合作事项的推进以及合作方利益的有效维护。

（3）设立区域物流园区发展专家咨询委员会。该专家咨询委员会主要对物流园区之间合作及发展过程所涉及的专业问题提供咨询。该委员会的成员主要由国内外物流领域的高等院校、专业机构、管理机构、物流企业等组织或机构中的学者、专家和官员等按一定的比例组成。该专家咨询委员会的成员专业应该涵盖第三方物流、商贸流通、交通运输、财务审计以及信息通信等领域。这样，就可以借助第三方咨询力量解决区域内物流园区之间的行政障碍、利益冲突以及合作中的困难等。

（4）成立区域物流园区一体化发展专项基金。该基金应由区域内各市政府共同发起成立，其日常运作管理主要由区域物流园区一体化促进基金理事会负责。该专项基金主要用于那些符合各市共同利益的物流园区之间合作项目的调研、可行性分析和论证等方面工作的经费支出以及相关合作机构正常运作的经费支出。

（5）建立区域物流园区协同发展的行政协调机制。区域物流园区发展的协调机制应突破现有的城市行政区划界限，协调区域物流园区发展的相关政策，合作建设区域内大型物流基础设施，实现交通设施对接以及相关规则等的对接。应通过行政协调机制逐渐实现区域和区域之间、线路和节点之间以及各种运输方式之间的合理配置，消除区域间的各种壁垒和障碍，建立完善的区域物流网络。应通过成立区域物流园区发展协调委员会来协调区域内各行政区划的物流基础设施建设、物流信息整合、物流设备配置、环境治理和资源开发保护等问题，并制定相关政策。针对各地方政府在物流园区发展中的利益冲突等问题履行申诉调查、组织协商、提出协调意见和仲裁。

（二）物流园区及园区内企业的作用

作为一个经营实体及管理者，物流园区在其各主体的相互关系中处于核心地位，是统筹规划全局的领导者。它可以为入驻物流园区的企业提供工作场所及各项相关的设施和设备，负责对物流园区内的基础设施进行管理和维护，负责对物流园区内的安全进行监控和管理，为物流园区内的企业创造良好的沟通、交流及合作环境氛围。

入驻物流园区内的物流企业以及相关企业，在直接面对客户及终端消费者时，应具备敏锐的洞察力，及时、准确地将物流市场相关信息、客户和终端消费者的需求信息反馈给物流园区，使物流园区能够时刻以市场为导向，积极开展各项工作。此外，中介机构无论在经济上还是科技上都能够为物流企业带来巨大商机，但很多物流企业缺少与中介机构的联系和合作，没有重视中介机构在企业业务发展过程中的重要作用，没有长远的发展战略规划，从而使企业丧失了很多机会。

入驻物流园区内的各相关企业应各司其职，各尽其责，在装卸、包装、运输、仓储、通关、商检等各个环节上相互合作，共同完成物流的整个过程，实现整个物流链条中的各相关主体的密切协作，凸显自身价值，提升物流业务效率，实现利益共享和共赢。

从实质上讲，物流园区是将不同类型的物流企业在空间上的集中布局。它是一个能把具有一定规模和多种服务功能的物流企业聚集到一起的大的集合体。物流园区提供的核心物流服务主要包括货物物流服务、储物物流服务、运输物流服务、装卸搬运物流服务、多式联运物流服务以及物流信息处理服务等多项服务。物流园区提供的辅助物流服务主要包括包装及流通加工物流服务、配送物流服务以及口岸物流服务等各项服务。物流园区的建设和运营离不开创新，创新是物流园区和物流企业生存和发展的原动力。物流园区和物流企业创新发展的最大动力是在众多物流园区以及物流企业的竞争中获取最大的收益，实现利益最大化。物流园区和物流企业的创新既有制度层面的创新也有技术层面的创新，但仅凭物流园区和物流企业自身的力量很难实现这两个层面的创新，因此需要政府在政策方面给予大力扶持；同时还要在自主研发的基础上与高等院校和科研机构进行广泛合作和交流。由此，可以在制度创新和技术创新等方面求得更多的支持与帮助，从而不断提升自身的竞争力，使自己在激烈的市场竞争中获得优势地位，促进物流园区和物流企业持续、健康发展。

（三）高等院校在物流园区的作用

现代物流产业涉及许多学科，其发展需要有专业的物流管理和应用人才，需要有先进的物流信息技术、物流智能技术以及物流自动化技术等相关的技术作为支撑。在过去，由于当时的经济发展环境还体现不出物流活动的重要作用，因此物流产业一直被作为经济和社会发展的附属产业，没有得到国家以及各级地方政府的重视，设置物流专业高等院校的很少，使得目前严重缺乏高水平的各类物流管理人才和物流基础应用人才。这种物流人才匮乏的现状严重阻碍了物流产业和物流园区的发展。针对这种情况，政府主管部门应该进行统筹规划，与物流园区及物流相关企业进行沟通，号召和鼓励高等院校设置物流相关专业，通过增加教学经费、增加教学实践设备、提供实习场所等优惠措施来吸引和鼓励高等院校进行物流产业人才的培养。

高等院校是物流园区发展的知识库和人才基地。高等院校拥有大量学识渊博和教学经验丰富的高水平师资队伍，可以通过设置物流相关专业为物流园区及园区内企业培养管理、应用、技术、研发以及服务等相关人才。

政府的相关主管部门和物流园区等应做好与高等院校的沟通和协调，为物流园区及入驻物流园区的企业牵线搭桥，将物流园区及入驻的企业作为物流及相关专业学生的实践基地，通过高等院校和物流园区以及物流园区内企业的合作共同推进高等院校、职业院校和中等职业学校等物流相关专业的学科建设，不断完善物流学科的教育体系，为物流产业培养充足的大专、本科、研究生等不同层次的各级物流人才，为物流园区的发展提供人才保证。此外，还应完善物流从业人员的职业资格认证体系，将物流人才培养方案与物流职业培训和从业资格认证紧密结合起来，为物流园区培养综合素质高的实用性物流应用人才。

通过高等院校和物流园区双方主体的相互合作、相互促进，可以培养出既具有物流理论知识同时又具有物流实践能力和经验的实战型管理人才和应用人才，为物流园区的发展提供人才的保证；同时又能解决高等院校学生就业问题，实现物流园区和高等院校共赢——既促进物流园区的发展也促进高等院校人才培养水平的提升，形成人才培养的良性循环。

（四）相关研究机构在物流园区的作用

应该说，相关研究机构是物流产业和物流园区技术创新的重要力量，既能够为物流园区及物流企业的发展、运营提供技术咨询和技术服务，又能够为政府的物流产业政策制定等提供高水平的决策咨询。

高等院校除了具有人才培养优势外，还与科研机构一样拥有高水平的科研队伍，可以为物流产业及物流园区的发展提供高水平的技术研发、生产、改造及升级等服务，为物流园区的发展提供技术、设备等的支持，促进物流园区设备的更新换代以及新技术的应用，提高物流园区的管理及运营水平，提高物流业务效率，保证物流园区的高质、快速发展，因此政府和物流园区要做好与高等院校和科研机构在科研方面的合作和沟通，发挥高等院校和科研机构的科研优势，为物流园区的发展解决技术、设备等问题，同时也能促进高等院校和科研机构的科研项目发展和产业化发展，实现物流园区与高等院校及科研机构的共赢。

（五）相关金融服务机构的作用

物流园区的建设和发展涉及园区内基础设施建设、人员招募和培训等方方面面，需要投入的资金巨大，因此离不开资本方的参与。经过多年来的发展，中国的资本市场已经比较成熟，中小企业有多种渠道可以进行直接融资，比如民间融资、股票融资及债券融资等。入驻物流园区的银行、典当行、小额贷款、物流金融服务平台等金融机构可以为入驻物流园区的企业提供金融等相关的服务，方便园区企业的资金业务往来和投融资等业务的开展。

物流园区还可以通过提供物流基础设施和服务实现对物流、商流和信息流的集聚，在实现物流活动空间聚集的基础上，逐渐吸引银行、投融资机构、典当行、小额贷款机构、保险机构等金融组织和机构集聚。

同时，入驻物流园区的保险公司可以为各物流企业的商品、运输装载工具以及人员等提供保险业务，为各物流公司的风险防范等提供全方位服务，将各物流公司及物流园区的经营风险降到最小。物流园区也可以通过入驻的物流服务组织机构等提供增值物流服务，主要包括物流结算服务、物流金融服务、货物保险服务等。这些金融服务可以更好地满足物流园区内相关企业或组织对于金融服务的需求，从而更好地促进物流园区物流相关业务的开展。

（六）入驻物流园区的中介服务组织和机构的作用

1. 物流行业协会的作用

行业协会是一种介于政府和市场之间的常设性组织机构，在约束成员行为、增进共同利益等方面具有很大优势。与市场机制相比，行业协会通过长期合约代替了一系列的短期合约，极大地降低了交易成本；与政府机构相比，行业协会又具有信息和专业优势，能够准确、及时地发现、汇集企业经营中的问题。① 中国物流协会、物流采购联合会、全国物流园区行业联盟、电子商务协会等中介服务机构在物流产业及行业发展中具有较高的权威性和较大的影响力。它们是成员企业利益的代表，是物流企业及物流园区与政府之间进行沟通的桥梁和纽带。物流行业协会可以突破行政区划的界限，引导不同地区的物流园区开展有效合作，实现物流园区的规模化经营。物流行业协会在国家和地区经济发展中有着举足轻重的作用，它们身兼服务、管理、监督、协调等众多职能。物流行业协会作为物流业同行企业间结成的常设性组织机构，比政府机构更具有信息优势和专业优势。物流行业协会除了可以及时、准确地汇集物流企业运营过程中存在的问题，还可以在约束和维护物流行业成员行为和利益、增进物流行业成员的共同利益等方面发挥巨大的作用。

物流行业协会可以履行物流行业服务、协调和引导的职能，推进物流园区的专业化分工与协作，调解和解决物流园区发展过程中的各种矛盾，为区域物流园区的协同发展创造良好的环境和条件；可以协助相关政府部门做好物流行业标准的制定以及应用工作；可以积极参与建立并实施物流信息及业务的统计制度，引导物流园区信息化建设发展等。

物流行业协会在物流市场规范、物流企业行为引导和监督、物流园区之间经验交流、物流信息共享、物流园区间的业务往来等方面具有重要的作用。这些主体可以为物流园区之间的信息沟通、经验交流、技术及标准的推广和跨物流园区业务的对接合作等事项提供咨询和服务，充分发挥中介服务机构的协调沟通作用。可以与周边省份物流园区进行沟通和联络，将周边或国内物流园区发展的先进经验和技术等传递给其他物流园区，促进物流园区的建设和发展，形成物流园区间跨区域的全国性物流联盟机制，更好地为区域

---

① 吴文征：《物流园区协同运作研究》，《北京交通大学学报》（社会科学版）2013年第2期。

经济发展提供服务。

2. 入驻物流园区服务组织机构的作用

物流园区内的物流服务组织机构还可以提供增值物流服务，这些增值物流服务主要包括物流结算服务、物流咨询服务、物流需求预测服务、物流人才教育与培训服务、商品展示交易服务、商务及生活文化服务等。物流园区通过提供物流基础设施和服务实现对物流、商流和信息流的集聚，在实现物流活动空间聚集的基础上，又进一步吸引物流管理咨询企业、其他服务企业等集聚。这些增值的物流服务也可以为物流园区带来更加丰厚的经济效益，并且还可以大幅度提高基础物流服务的质量，提高客户的满意度。物流园区的基础物流服务是物流园区生存的基础，还是物流园区发展的关键。物流园区的基础物流服务与入驻物流园区的服务组织机构所提供的增值物流服务之间可以相互促进、相辅相成。

现代物流园区的发展离不开信息技术的大力支持。入驻物流园区的移动、联通、电信等网络通信运营商可以为物流园区提供宽带等基础网络设施，确保物流园区各相关主体的数据、信息等的传输，为物流园区的信息化发展、信息共享等提供支持和保证。

入驻物流园区的人才培训机构可以根据各物流公司的实际人才需要，为其招聘高水平的物流管理人才，也可以根据物流企业的当前状况培养物流管理人才以及各种应用人才，给物流园区及其入驻企业提供人力资源。

入驻物流园区的项目咨询机构可以为物流园区以及其内部企业提供项目规划以及解决方案，对物流园区及其内部的企业所遇到的各种管理问题、技术问题等提供全面的解决方案，为物流园区及其内部企业的发展提供支撑和帮助。

入驻物流园区的加油站、汽车维修企业等可以为物流园区的各种运输工具提供油料服务，可以对出现故障的运输工具等提供维修保养服务，确保物流园区的交通运输工具等能够正常运转。

二 各相关主体在物流园区运营中的相互作用关系

(一) 政府及政府的相关部门与物流园区各相关主体的相互作用关系

1. 政府及政府的相关部门与物流园区的相互作用

政府是物流园区的管理、监督主体。它需要为物流园区提供顺畅的道路交通，提供完善的水电、管网等基础设施，提供必要的资金、人才、税收等相关政策的支持，并对物流园区的持续和健康发展等提供引导和监督。物流园区应在政府扶持下，充分利用政府给予的各项资源提升物流业务服务水平和质量，提升物流作业效率，促进区域经济发展，为区域社会及人们生活提供服务。物流园区与政府之间应形成一种良性的循环，使区域经济和物流园区不断向更高阶段发展。

2. 政府及政府相关部门与物流行业协会的相互作用

由于物流行业协会属于非官方组织，政府可以赋予物流行业协会一定的监督和管理职权。物流行业协会在物流园区的发展过程中负责传达政府的方针政策，并辅助政府对物流园区的发展进行指导，对物流园区以及物流园区内部的物流以及物流相关企业的经营和运作等进行监督和管理，对出现的违法、违规行为进行惩处，努力维护物流园区发展的良好市场环境。同时，物流行业协会可以将发现的问题及时向政府相关部门汇报，并向政府相关部门提出相应的咨询报告，辅助政府解决发现的问题。物流行业协会定期或不定期将物流园区以及物流园区内部各物流企业以及其他相关服务组织机构在发展过程中遇到的政策、资金、税收、人才、技术以及物流基础设施问题和困难及时向政府转达，为物流园区的发展获得更多的政府资源，并辅助政府解决这些问题和困难。

3. 政府与高等院校及研究机构的相互作用

物流园区在发展的过程中需要大量的各类、各个层次的物流人才，也需要各种各样的物流相关技术和工具等资源，因此政府需要与区域内的高等院校以及研究机构进行沟通，为物流园区的发展解决人才和技术问题。政府应给予高等院校和研究机构以一定的资金和政策扶持，依靠高等院校的高水平教师资源为物流园区培养专科、本科以及研究生等不同层次的物流管理人才和物流技术人才；应解决物流园区发展过程中遇到的各类困难，为物流园区解决所需要的自动化和智能化的各类物流技术、物流信息技术、仓储设备、货物装卸设备和机器、装卸机械和运输工具等提供帮助，努力促进物流园区的现代化、智能化和自动化发展，进一步实现区域物流产业的繁荣和发展。政府主管部门应通过协调和沟通，引导物流园区和物流企业积极与高等院校和科研机构等进行人才培养以及资本与技术合作，充分发挥各方的优势，形成优势互补的产、学、研合作的利益共同体，共同促进物流产业和物流园区的可持续发展。高等院校和科研机构是物流园区发展的重要技术创新者，应努力为物流园区发展提供技术咨询、技术成果和技术服务等，还要为政府的物流产业政策制定等提供相关的决策咨询等智力支持。

4. 政府与相关金融服务机构的相互作用

物流园区的发展，需要人才、需要技术、需要先进的仓储和运输工具，因此有大量的资金需求。政府应努力给银行、小额贷款、典当质押以及风险投资等金融机构或组织制定相应的税收优惠政策，鼓励金融机构为物流园区的发展提供资金支持，帮助解决物流园区相关物流人才的引进、物流技术的升级、先进物流运输以及装卸等机械和工具的利用和更新，促进物流园区快速和高水平发展。

（二）物流园区与物流园区发展各相关主体的相互作用关系

1. 物流园区与高等院校的相互作用

高等院校应努力为物流园区提供各类、各个层次的物流以及物流相关的人才资源，满足物流园区发展的人才需求。物流园区与高等院校应联合制订物流专业的人才培养方案，结合物流业及物流园区发展需要设置相关课程，制定符合物流业实际需求的学生实践内容，推动高等教育"实践育人"模式的改革和发展。物流园区应为高等院校人才培养提供实践基地，为高等院校人才培养的实践教学提供企业导师支持。高等院校与物流园区合作培养人才，完善了高等院校的人才培养体系，提升了学生的职业素质。这种人才培养模式可以使高等院校培养出来的人才既具有理论知识又具有实践能力，提升高等院校毕业生的综合素质。这种有针对性的专业技能培养可以使学生积累物流产业的从业经验，可以更好地适应社会经济发展的需要，实现高等院校的教育与物流产业园区发展的无缝对接。这种联合物流人才培养模式可以为物流园区的发展提供和储备大量的优质物流人力资源，为物流园区的发展提供强大的人才支撑。高等院校与物流园区合作的人才培养模式可以有效提升高等院校的知名度和美誉度，同时也可以使物流园区自身吸纳到高素质的物流人才，实现物流园区和高等院校双方的共赢发展。

2. 物流园区与研究机构的相互作用

物流园区在发展过程中需要大量先进的物流装卸机械设备、自动化物流运输设备、智能化的仓储设备以及信息技术设备等。一般来讲，物流园区自身的科研能力有限，无法解决所有科研难题，因此，非常需要高等院校以及科研机构的帮助。高等院校和科研机构拥有大量的高素质科研人员，可以解决物流园区发展面临的这些问题和困难。而高等院校和科研机构一般缺少科研资金，所以物流园区可以为高等院校和科研机构提供一定的资金支持。物流园区资金的支持可以促进高等院校和科研机构的科研成果转化。物流园区获得相关的技术和设备，可以促进物流园区的智能化、现代化。物流园区、高等院校和科研机构各取所需，可以实现物流园区与高等院校和科研机构的多方共赢。

3. 物流园区与相关金融服务机构或组织的相互作用

物流园区的发展需要大量的资金，物流园区可以为银行、保险、典当行和风险投资公司提供完善的基础设施、工作场所和办公区域，吸引这些金融服务机构入驻物流园区，为物流园区以及物流园区内的物流企业解决资金问题。保险公司可以为物流园区以及相关的货物等提供保险业务。这些金融服务机构在为物流园区解决资金问题的过程中也获得了相应的营业收入，并扩大了经营范围和影响力。物流园区和相关金融服务机构之间相互促进，也可以实现物流园区和金融服务机构的多方共赢。

4. 物流园区与物流行业协会的相互作用

在发展过程中，由于各个物流园区的资源有限，无法完全支撑其自身的发展，因此就需要整合外部资源，需要与其他物流园区开展合作。在物流园区协作发展的过程中，非常需要起桥梁作用的物流行业协会在各个物流园区之间进行沟通和协调，以促进物流园区之间开展有效的协同。物流行业协会的日常工作需要一定的资金支撑，而物流园区作为协会成员可以为物流行业协会提供一定的会费以支持其工作的开展。物流行业协会可以将物流市场调查的相关数据等提供给各个会员，指导物流园区的发展。物流行业协会和物流园区之间的合作实现了二者的互惠互利，进而形成了一种共赢的发展模式。

5. 物流园区与中介服务机构的相互作用

在物流园区的建设及运营过程中，中介服务机构可以为园区内的各物流及物流相关企业搭建平台。中介服务机构在物流园区的发展、建设和运营的过程中起着沟通、交流、协调、合作的作用。中国物流协会、物流采购联合会、电子商务协会、车货匹配平台、交通运输物流公共信息平台以及第四方物流企业等都属于带有服务性质的中介机构，在物流园区的发展及运营中起着重要的作用。它们掌握着大量的物流行业的人才、技术、设备等重要信息，可以为物流园区的发展和运营提供信息支持。也就是说，这些中介服务机构掌握着大量的物流园区发展的重要资源，在物流园区的发展及运营过程中发挥着联系和沟通的作用，可以为物流园区的发展提供物流技术、物流设备和应用人才等方面的支持，为物流园区实施物流自动化、智能化以及信息化等活动提供相关培训、咨询和服务。这些物流服务中介机构还可以与周边省份物流园区进行沟通和联络，将周边及国内成功的物流园区发展的先进经验和技术等信息传递给物流园区，促进物流园区的建设和发展，为区域经济发展做好服务。

（三）高等院校与物流园区发展各相关主体的相互作用关系

1. 高等院校与研究机构间的相互作用

高等院校与研究机构可以为物流园区协同发展提供人才、技术以及决策等支持，在为物流园区提供服务的同时，二者之间也存在相互作用的关系。研究机构在为物流园区解决技术难题的过程中也需要相应的物流人才以及其他领域的人才，因此也需要高等院校培养的物流人才和其他领域的人才，并且在具体物流技术攻关过程中需要引入高等院校高素质的人才队伍来开展合作，以便高质量、高效率地解决问题，更好地满足物流园区的需求。同时高等院校在与研究机构合作的过程中，可以更系统、更全面地了解目前物流产业的人才需求状况，为后续物流专业人才培养提供借鉴和指导，促进高等院校物流及其相关专业的人才水平的提升，为社会和物流产业提供高素质的物流领域人才。它们二者相互促进、共同发展，进而可以实现高等院校、科研机构和物流园区三方的共赢发展。

2. 高等院校与中介机构间的相互作用

高等院校可以为物流园区的协同发展提供人才、技术以及决策咨询等各种服务；而中介机构可以为物流园区提供各种中介服务。此外，由于中介机构对物流产业、物流市场以及物流园区的人才、技术等的需求最为了解，因此高等院校也应该与中介机构开展充分的合作，从中介机构获得物流市场需求以及人才需求等信息，从而更好地为物流园区提供服务。中介机构可以和高等院校合作，进行物流技术开发、物流园区问题解决方案制订以及物流人才培养等。二者在合作中也可以相互促进，实现双方共赢。

三　各相关主体间的整体相互作用关系

在"政产学研资介"这一物流园区协同发展模式中，各主体之间的相互关系是以政府为指导，以物流市场需求为导向，以物流园区为中心，充分发挥高等院校、研究机构、金融资本方以及中介服务机构等各主体作用，共同促进物流园区协同发展。

（1）"政产学研资介"物流园区协同发展应以"政"为基础。政府在物流园区的协同发展过程中应承担监管和领导等相关职责，并应做好物流园区发展的管控和保障等基础型服务工作。政府应做好政策制定、物流人才引进、物流人才培养和激励等工作，为物流园区发展、高等院校人才培养和科研机构技术研发等活动提供专项资金、政策引导和支持等。政府应提供政策、土地、税收等优惠政策吸引资金、人才以及研发机构等入驻物流园区，为物流园区的发展提供资金、技术、人才以及信息咨询等支持，为高等院校和科研机构的科研成果转化牵线搭桥，促进物流园区和科研机构以及高等院校合作，共同解决物流园区发展所面临的技术以及装备等问题。政府应为物流园区、高等院校、科研机构、金融服务机构和中介服务机构等营造一个利于各方发展的良好合作环境。

（2）"政产学研资介"物流园区协同发展应以"产"为主体。物流园区和物流企业是物流产业发展的主体，物流园区和物流企业对物流市场需求变化最为敏感，能够十分准确地把握"政产学研资介"六位一体的物流园区协同发展的方向，为政府的物流产业政策以及物流产业发展规划等的制订提供建议和咨询；可以为高等院校的物流人才培养以及高等院校和科研机构的科研活动等提供建议；可以为金融和物流中介等服务机构提供更多的市场服务机会。

（3）"政产学研资介"物流园区协同发展应以"学"为促进。高等院校中云集了众多的专家和学者，拥有高水平的教学和科研队伍，可以培养各个层次和不同领域的物流相关人才，可以提供高水平的相关科研成果和相关技术，可以为物流园区协同发展提供人才和技术等的保证。

（4）"政产学研资介"物流园区协同发展应以"研"为核心。科研机构拥有高水平的科研团队，拥有大量高水平的科研成果。针对物流园区在发展中所面临的各种物流技术问题、物流装备问题、物流运输工具问题，可以提供相应的解决方案，因此，它是物流园区协同发展的技术和创新的保证。

（5）"政产学研资介"物流园区协同发展应以"资"为支撑。物流园区的发展具有风险高、周期长、投入大、阶段多等特点，因此需要金融机构的支持。在物流园区产学研合作的基础上，应吸纳公共金融机构、商业金融机构以及风险投资机构的金融资本介入，这些金融机构可以为物流园区、高等院校、科研机构等提供长期低息政策贷款等支持，从而分散和降低金融风险。

（6）"政产学研资介"物流园区协同发展应以"介"为纽带。物流中介服务机构可以为物流园区协同发展的产学研合作牵线搭桥，促进物流园区与高等院校、科研机构及金融机构等的联系，消除合作各方主体之间因信息不对称、资金匮乏和技术开发等的诸多合作障碍，促进知识转移和相关科技成果转化。

物流园区是产学研合作的主体。物流园区处在物流市场的最前端，它们最了解物流市场的需求状况，可以及时地将最新的需求信息传递给高等院校和科研机构，而高等院校和科研机构可以充分发挥其学科和科研优势，为物流园区培养优质人才，提供先进的科研成果。在此过程中，政府和物流园区给予高等院校和科研机构一定的资金扶持以及相关的优惠政策等，可以促进人才培养质量提升和科研成果转化，可以更好地实现资源的优化配置，促进物流产业持续、健康发展。

"政产学研资介"六位一体的物流园区发展模式，推动了物流园区的人才储备、资源共享、信息共享，可以最大限度地调动政府、物流园区、高等院校、科研机构、金融机构和中介机构六方主体在物流园区协同发展中的积极性。可以通过多方利益的融合、资源与优势的互补结合、知识的聚合、信息和物流资源共享等提升整体服务链、价值链的水平，促进物流园区健康、持续发展，最终实现六方主体共赢。

第三节　基于核心物流园区数量的协同发展模式

区域物流园区的协同发展，主要是通过市场交易的协同方式实现物流资源共享、客源市场共享、物流园区之间优势互补、物流园区联营以及物流网络共建等；主要是通过政府的相关物流政策统筹整合区域物流资源，以及通过统筹规划、统一物流标准、管理区域内各个物流园区等各种机制措施实现物流园区协同；在此基础上，最终实现区域物流园区的协调性、效益性以及持续性的协同发展。

应该承认，不同的物流园区在财政扶持、发展规模、技术、人才等方面存在着差距，因此物流园区在协同发展过程中必然存在主导和被主导的关系。那些拥有更多核心资源和竞争优势的物流园区占据着协同发展的主导和支配地位，这样的物流园区将会成为协同发展的核心；而其他物流园区则处于被引导和被支配的地位。欧江涛（2015）在其硕士学位论文中，提出了物流园区协同发展模式：根据核心物流园区数量的多少将区域物流园区的协同发展模式分为单核心协同发展模式、多核心协同发展模式和无核心协同发展模式三种。

一　单核心协同发展模式

在区域物流园区系统中，某一个物流园区无论在市场、规模、技术、人才、能力以及地位等各方面都处于领先和主导地位，系统中的其他物流园区都围绕着该物流园区展开活动，这种物流园区的发展模式就是单核心协同发展模式。

在单核心协同发展模式中，作为核心的物流园区所具有的特征是：规模相对较大，能够在区域物流园区系统中带动其他物流园区的发展；能力较强，无论是经营管理能力、发展能力还是竞争能力，都领先于其他物流园区，且发展速度较快；相比于其他物流园区，能够获得更多的政策扶持等；通过其发展能够对其他物流园区起带动作用，其他物流园区的发展对该物流园区存在一定的依赖性。[1]

---

[1] 欧江涛：《区域物流园区竞合策略的演化博弈分析与协调发展研究》，硕士学位论文，西南交通大学，2015年。

在单核心协同发展模式中，核心物流园区是价值链、资源链以及知识链等的核心，核心物流园区拥有优先利用相关物流资源、物流技术等的能力优势，因此核心物流园区在一定程度上已经成为物流资源的集中、处理、流转、转化和创造的中心。核心物流园区在区域物流园区系统中处于不可缺少的核心地位，其在物流资源的配置以及协调能力上占据相当的优势，因此这种单核心协同发展模式的凝聚力和协同力非常大。在单核心协同发展模式中，如果核心物流园区在物流服务能力上不能持续提升，在战略决策上出现失误，那么就有可能导致整个区域物流园区陷入危机，从而给区域物流园区的发展带来严重的后果。单核心协同发展模式的风险抵御能力以及对外界环境变化的适应能力相对来讲比较弱。

二 多核心协同发展模式

在区域物流园区系统中，有多个核心物流园区处于相同的优势地位，这些核心物流园区同时都对其他物流园区产生引导作用，并且，这些核心物流园区相互之间也存在引导作用，并共同主导物流园区系统的发展，共同为区域物流园区系统提供一种动态平衡的发展模式。

在多核心协同发展模式中，多核心物流园区所具有的特征是：规模相差不大，发展能力与潜力相似，没有支配与被支配的现象；各自的服务对象与功能有所不同，有一定的互补关系，不会因为同质化的激烈竞争使得一个核心园区被另一个所压制或取代；政策扶持力度相同或相似，能够在相对平等的政策环境中发展多个核心园区；对区域内的其他园区起支配和带动作用，当它们之间处于一种均衡发展状态时，表现出相互竞争与合作的关系，而一旦某一核心园区因为某些因素影响而遇到发展危机时，其他核心园区能够在一定程度上弥补或取代其核心地位，而使系统得以持续发展。[①]

---

① 欧江涛：《区域物流园区竞合策略的演化博弈分析与协调发展研究》，硕士学位论文，西南交通大学，2015 年。

多核心协同发展模式与单核心协同发展模式相比，其优势主要体现在：不会对某个物流园区产生过度的依赖，其适应性比较强，能在一定程度上增强物流园区协同发展的潜力，并能更好地抵御物流园区发展的风险。在多核心协同发展模式中，物流园区之间不存在支配和被支配的关系。多核心协同发展模式的协调能力不如单核心协同发展模式，因此，在这一模式中，物流园区内部的竞争会对协同发展产生不良影响。

三　无核心协同发展模式

在区域物流园区系统中，不存在占据核心地位的物流园区，所有物流园区在资源、能力以及政策扶持等方面都没有太大的差距，各个物流园区之间处于一个平等的地位，该发展模式就属于无核心协同发展模式。

在无核心协同发展模式下，各物流园区之间各自进行决策，各自独立运作，各物流园区之间协调关系较弱。在无核心协同发展模式中，各个物流园区都没有统一的发展目标，各个物流园区之间缺乏有效的协调以及协同发展的凝聚力，无核心协同发展模式抵御外部环境的影响和冲击的能力较弱，在协同发展的过程中存在较大的风险。在无核心协同发展模式中，各物流园区之间互不干涉、互不影响，各物流园区之间彼此独立运作，任何形式的合作与协同都有可能发生，这是无核心协同发展模式的优势。在无核心协同发展模式中，各物流园区为了寻找更大的发展空间，都有合作的动机，因此，该协同发展模式也蕴含着促进物流园区协同发展的众多机会。

第五章 物流园区协同发展机制及路径

物流园区在整个物流活动中具有重要的地位和作用，是物流网络组织的重要节点，承载着整合物流资源和优化物流流程的重要功能。作为物流网络核心节点的物流园区，除了具备产业集聚功能外，还具备与其他物流园区之间建立协同运作的交互功能。一方面，通过共享相关基础设施和配套服务设施，发挥整体优势和互补优势，实现园区辐射区域范围内物流运作的集约化、规模化和专业化；另一方面，通过与其他物流园区建立一种常态性沟通机制，实现物流基础设施资源和物流信息资源的开放和共享，充分地延伸物流园区企业的竞争与合作范围，使任一企业都能够通过其所在的区域性物流园区平台融入社会物流网络化服务体系之中。研究物流园区之间的协同运作机制，对于跨经济区域物流活动的对接具有重要的战略、经济和社会意义。

第一节 机制设计理论

瑞典皇家科学院曾于 2007 年 10 月 15 日在斯德哥尔摩宣布，将 2007 年度诺贝尔经济学奖授予美国明尼苏达大学经济学教授利奥尼德·赫尔维茨（Leonid Hurwicz）、新泽西普林斯顿高等研究院教授埃瑞克·马斯金（Eric S. Maskin）以及芝加哥大学经济学教授罗格·迈尔森（Roger B. Myerson），以表彰他们为"机制设计理论（Mechanism Design Theory）奠定了基础"。一般来说，"机制"

这一理论通常可以划分为导向型机制、均衡型机制两种。导向型机制以对机制参与者行为实施导向性约束展开，均衡型机制以对机制参与者目标和整体目标的均衡性约束展开。

一　机制设计理论基本原理

机制（Mechanism）一词是系统科学中的用语，是指系统运动赖以生存的物质结构、动因和控制方式，是指系统为维持其潜在功能并使之成为特定的显现功能，而以一定的规则来规范系统内各组成要素之间的联系、调节系统与环境关系的方式及其调节原理。后来，机制一词和相关理论被广泛应用于生物学、医学、管理学以及经济学等很多学科和领域。

机制设计理论研究的核心就是指如何在信息分散和信息不对称的条件下设计激励相容的机制来实现资源的有效配置。在机制设计理论中，激励相容、显示原理和执行理论都非常重要，而激励相容概念贯穿于整个机制设计理论理念之中。

（一）激励相容

激励相容概念主要由利奥尼德·赫维茨提出。他将激励相容概念表述为：如果每个参与者真实报告其私人信息是占优策略，那这个机制就是激励相容的。此外，还要施加一个参与约束——没有人因为参与这个机制而使其境况变坏。赫维茨证明了私人信息无法实现完全有效性。于是，在制度或规则的设计者不了解所有个人信息的情况下，设计者所要掌握的一个基本原则就是，其所制定的机制能够给每个参与者一个激励，使参与者在实现最大化个人利益的同时也能达到所制定的目标，这就是机制设计理论中最为重要的激励相容问题。

在该问题研究过程中，还引出了其他问题，即占优策略、纳什策略、贝叶斯策略等等。

（二）显示原理

有学者认为，赫维茨构建的机制设计理论框架可能存在也可能不存在。在存在的情况下，也许有很多能够实现目标的机制。那么，如何寻找到最优机制就成了一个重要的问题。这个问题直到显示原理出现，才得以彻底解决。吉巴德提出的显示原理认为：一个社会的选择规则如果能够被一个特定机制的博弈均衡实现，那么它就是激励相容的，即能够通过一个直接机制实现。根据显示原理，人们在寻求可能的最优机制时，可以通过直接机制简化问题。这大大减少了机制设计的复杂性。

（三）执行理论

激励相容保证了"讲真话"是一种均衡，但并不能保证它是唯一均衡。许多机制都产生了不同结果的多重均衡，其中一些导致了次优结果。鉴于这些问题，需要设计使所有的均衡结果对于给定目标函数都是最优的机制，这就是众所周知的"执行问题"。

二 机制设计理论主要解决的问题

（一）机制的激励问题

如何在机制设计时，既能满足设计者的要求，又能满足被管理者个人的诉求？机制设计者不可能了解所有人的信息，所以，在制度或规则的设计者不了解所有个人信息的情况下，如何保障每个参与者都能从设计者所制定的机制中得到一个激励，则成为机制设计所要解决的重要问题。

（二）信息成本问题

任何一个机制的设计和执行都需要信息传递，而信息传递是需要花费成本的。机制设计的信息成本主要是指在信息传递过程中的运行成本，成本来自发送者、接收者、传播途径。因此，对于设计者来说，根据显示原理，可以通过直接对机制简化来减少机制设计的复杂性，进而降低信息成本。

三 机制设计的核心内容

基于上述机制的一般原理，笔者确定机制设计的核心内容如下。

（一）倾向分析

倾向分析就是采用特定的方法分析被管理者的自发追求。这里的被管理者主要指作为执行者的个体和组织。作为个体执行者，一般会有追逐利益、名誉、安全感、成就感、归属感的倾向；作为组织执行者，一般会有追求组织经济利益、发展、业务成就的倾向。只有将各种倾向罗列详尽，才有利于寻找和设置回报。需要注意的是，倾向不仅包括正的，也包括负的。此外，要尽可能把每种倾向分析得细致一些，而作为机制设计中面对的具体的个人和组织，还可以结合不同领域、不同专业的特点进一步进行细分。

（二）回报分析

回报分析就是设计者根据倾向分析的结果，针对罗列出的各种不同倾向，寻求管理者所能够提供的或可以控制的回报。其最好是用表格的形式表示，这样可以一目了然。但如果倾向种类较少，也可以使用图形来表示。回报有正负性，既有激励，又有惩罚，在分析时应当全面考虑。回报应当可以度量，也就是必须有强弱变化。

（三）状态分析

状态分析就是根据组织者所希望达到的目标，对过程中的被管理者的各种标志进行分析。这些标志构成了表示被管理者在是否达到管理目标时的各方面状态，也就是我们根据测量这些"状态"来观察被管理者是否完成了管理目标。这些各方面的状态应当是有强弱变化的并且是可观察的，还应该至少能够定性度量，如果能够精确地定量度量则最好。可以采用表格对照形式进行详尽的状态分析。

（四）关系模式确定

关系模式确定就是把状态与回报相连接。关系模式确定是最为关键和复杂的一个步骤。其原理就是通过自然规律或者通过法律、规范以及规章等人为制定的手段使状态与回报建立一定的关系：被管理者的状态与管理目标越接近，则正回报就随之逐渐增加。如果被管理者的状态背离管理目标，则所得到的负回报就会增加。有了这样的对应关系之后，在通常的情况下，被管理者都会追求正回报，而尽量地躲避负回报。由此就会引导被管理者努力使自己的状态接近管理目标，并最终达到管理的目的。

四 机制设计理论在物流园区协同发展中的应用

目前，机制设计理论已经被广泛应用于各种学科之中。在社会科学发展过程中，设计和建立合理的机制可以实现经济和社会发展过程中的资源整合和资源优化配置，提升经济和社会发展的效益，更好地促进经济和社会的发展。在物流产业发展过程中，物流园区的持续、健康发展也离不开合理、有效的机制。如何整合物流园区内部的相关资源、如何整合物流园区之间的相关资源、如何整合不同区域以及不同国家之间物流园区的相关资源，从而实现一个国家不同区域、整个国家乃至全球物流资源的整合和优化配置，就需要建立和设计合理的机制来确保物流相关信息、物流相关资源以及物流相关各主体利益的平衡。在物流园区协同发展中，涉及物流相关信息的共享、物流相关资源的整合和优化配置、各相关主体的利益平衡等问题，而这些问题需要通过物流园区协同发展的信息机制和物流园区协同发展的生态机制来解决。

第二节 物流园区协同发展的信息机制

物流园区协同发展机制主要是研究驱动物流园区之间开展资源协同和信息共享行为的基本规律。物流园区协同发展机制是一种内在的、根本性的运行规则，不会因为物流园区的盈利模式或者运作模式的改变而发生变化。

随着技术和经济的发展，人类社会已经从原始社会、农业社会和工业社会发展到了信息社会，信息已经超越了物质和能源，成为社会经济发展的三大基本要素中最重要的要素。信息在经济发展以及人们社会生活中所起的作用越来越大。互联网、物联网、人工智能等信息相关技术的发展，使我们的社会进入了信息社会的高级发展阶段，经济发展和社会生活已经完全离不开信息的支持。人类经济发展和社会生活所依赖的物流活动更是离不开信息的支持。

物流园区主体之间虽然可以进行协同运作，但必然还会存在一些自己拥有而对方不拥有的信息，因而存在信息不对称的情况。信息不对称是指交易双方无法完全获得对方所拥有的信息，这种信息是第三方即使花费大量人力、物力、财力也无法验证的。

目前，经济全球化的发展导致各国企业的竞争也呈现出全球化特征，技术的进步使得企业产品的生命周期缩短，对用户的交货期缩短，这对物流服务提出了更高的要求。信息已经贯穿于物流活动的始终，信息化是物流的灵魂，而强大的物流信息网络是物流活动开展的前提条件。

当前，电子数据交换、射频识别技术、全球定位系统、地理信息系统、信息平台等信息技术已经被普遍应用于中国物流园区的日常活动中，但还有一些物流园区的信息技术装备水平比较落后，物流信息管理水平较低，由此导致物流园区的仓储货物周转周期较长、物流车辆空驶率较大等问题，难以充分发挥出物流园区资源的利用效率。物流信息技术可以保证物流企业方便、快捷地获取产品库存水平、交货状态、生产调度计划等各方面的实时供应链信息，从而提升物流企业的管理水平和工作效率。如果物流园区的物流信息技术和物流信息管理技术应用不足，将导致物流园区不能及时、准确地满足客户的物流需求，此外，还有一些物流园区与其他物流园区的信息系统互联、互通力度不足，物流园区间协同发展的力度不足，存在"信息孤岛"现象，阻碍了物流信息在物流园区及物流链条中传递、共享和利用，影响了物流园区的信息交流、信息共享，不利于物流园区健康、持续发展。

信息协同是指通过信息技术实现供应链伙伴间信息系统的集成，实现运营数据、市场数据等信息实时共享和交流，以便使供应链伙伴能更快、更好地协同响应终端客户需求。学者指出降低物流园区的运营成本、提高物流园区的工作效率，最有效的途径就是：建立物流信息协同机制，实现物流业以及整个国内外的物流信息共享，通过信息来整合物流园区整个物流环节上的相关要素，实现物流资源的优化配置。而物流园区的信息共享需要物流信息输入输出技术、物流活动信息追踪技术、物流信息数据库、物流信息系统、物流信息平台等的支持，这些要素是实现物流园区信息共享的基础和保证。

学者指出：一些物流园区还处于独立经营的封闭状态，对于物流园区之间相互的信息沟通以及物流活动的相互协作等重视不够，从而造成一些物流园区的物流订单充足，而另一些物流园区的物流订单不充足的不均衡发展状态；一些物流园区的物流资源不足以支撑其及时和快速的物流活动，而另一些物流园区的资源尽管很丰富却没有充足的物流订单，这样就会造成物流资源严重浪费。因此，要建立物流园区发展的信息协同机制，通过信息共享、资源共享以及任务协作等方式实现物流园区之间资源的整合和优化配置，提升整个物流园区的工作效率和盈利水平，从而实现物流园区的多赢发展。

一　物流园区发展中的物流信息类型及物流信息特点

在物流活动中，各种特征信息以及活动状态等的具体展现就是物流信息。物流信息能够反映出各种物流活动之间的相互作用和相互联系，这些物流信息资源可以表现为数据、图像等形式。物流信息随着物流活动会发生相应的变化，物流活动和信息之间关系密不可分。

（一）物流园区的物流信息类型

在经济发展和社会生活中，物流园区承担着物资流通和商品流通的重要职责，发展物流园区已经成为国家和地区经济、社会发展的大趋势。在城市物流网络体系中，物流园区作为重要的物流节点，是城市物流集聚的重要载体。物流园区的健康、持续发展离不开信息的支持。物流园区业务的开展以及与外部其他物流园区的合作等，既需要内部信息的交流与沟通，也需要外部信息的交流与沟通。

1. 物流园区系统内部的信息

物流园区系统内部的信息主要包括：仓储信息、交通运输工具信息、装载工具信息、内部与外部的停车场地信息、相关物流企业信息、物流中介服务机构信息、金融中介机构信息、日常办公信息、园区内员工生活信息等。这些物流园区内部信息在物流园区内部各个子系统间高效、及时和准确地传递和流转，就能实现物流园区各个子系统间的高效运转及协调配合，迅速完成货物在物流园区内部流转及增值服务。

2. 物流园区系统外部的信息

物流园区除了需要内部信息的流转，还需要和物流园区外部环境进行信息交流。物流园区需要从外部获得物流产业发展相关信息、国内外物流市场需求信息、物流园区周边的生产和商业企业需求信息、社会个人对物流服务的需求信息、区域内外的道路交通信息、陆路和海港等港口信息、各种物流服务平台的服务信息、国家相关的物流政策及法规信息、物流市场发展相关信息等。同时，物流园区的相关信息系统也需要及时地向其周围的相关主体等提供物流能力、供需适应情况、服务方式、服务种类、服务价格等各方面的信息。物流园区不断地和外部进行信息交换和信息收集，从而确保物流园区间信息共享，保证各物流园区能够系统、有序地运转。

（二）物流信息的特点

1. 动态化

小批量、多品种的物流配送业务使得物流信息不断发展变化，这些动态变化的物流信息能够让物流管理人员随时掌握决策依据，随时满足用户对物流信息的个性化需求。

2. 传播量大、传播面广

经济和社会的发展带动了物流产业的发展，由此，在物流活动的各个环节产生了大量的物流信息，这些物流信息涉及各大生产制造企业、商品流通企业、物流配送中心、物流园区、物流基地、货物运输线路、货物仓储、终端顾客等众多主体，相关的物流信息涉及的内容比较多，并且覆盖范围比较广泛。

3. 来源较广

在物流活动过程中，涉及的物流信息很多，主要有：相关物流企业的内部信息、区域内部和外部的物流市场需求信息、区域内部及外部的道路交通运输信息、各类消费者的需求信息、相关物流基础设施信息、交通运输工具信息、城市物流配送网点信息等。这些物流信息来源比较广，且随着物流业的发展将会越来越多。

4. 高度标准化

物流信息将物流各个相关环节和领域紧密联系在一起。通过物流信息在物流活动的各个环节的传递和沟通，可以实现物流信息共享，通过物流信息共享，可以完善各种物流活动。因此物流信息应具有高度的标准化特征，以满足广大用户的物流信息需求。

二　物流信息协同的共享数据基础

要想实现物流信息共享，先要有充足的物流信息数据作为保障。物流系统内部各个物流园区能够收集大量物流园区内部物流企业以及物流相关企业等的物流活动数据，这些数据经过加工、处理，被分门别类存储在物流数据库中，从而形成了一个庞大的数据仓库。物流数据仓库是物流园区各相关主体开展合作与交流的数据信息基础，是各个物流园区以及各个相关物流主体实现物流信息共享的基础和保证。通过当前先进的大数据、云计算等技术可以对物流数据仓库中的信息进行系统、深入的挖掘，从而实现物流园区内部以及外部各种物流资源的整合，实现各种物流相关资源的优化配置，提高物流资源的利用效率，使各个物流园区和相关物流主体都能够从物流信息共享中获得相应的收益。

（一）物流园区内部信息共享

通过物流园区内部各相关企业的信息共享可以实现物流园区内部的仓储空间、装卸机械、运输工具、停车场所、道路交通、货物情况等资源的优化配置，避免资源闲置和浪费。通过物流园区内各物流企业及各物流相关企业间的信息共享，可以提升物流园区整体效率，实现物流园区内各个物流企业以及物流相关企业的利益最大化；可以进一步促进各个企业信息共享的积极性，实现物流园区内各主体信息共享的良性循环，为物流园区外部信息共享提供基础和保证。

（二）物流园区外部信息共享

物流园区内部实现信息共享，可以使物流园区内部的资源得到整合和优化配置，同时也为物流园区外部的信息共享提供了基础和保证。一般来说，在某个具体的物流园区以外还存在众多的物流园区，这些物流园区构成了庞大的物流系统，通过物流信息共享平台可以将整个物流系统内的物流园区连接在一起，依据各物流园区内部的信息共享系统实现各物流园区间的信息共享，实现各物流园区之间的资源整合及优化配置，从而使各物流园区充分发挥自身优势，促进各物流园区的利益共享和多方共赢，最终促进物流园区及物流产业健康、持续发展。

三　物流网络信息平台

物流信息是伴随着物流活动而产生的，其贯穿于整个物流活动的始终，在物流活动中起到中枢神经的作用，并有利于提高物流运作过程中的资源共享与协同效率。信息平台的生命力在于其开放性，若仅仅孤立地服务于某个单一物流园区，就会造成一个个彼此孤立、缺乏交流协作的"信息孤岛"，远远脱离物流业务发展的实际需求，也与物流产业开放式、网络化发展的内在规律相违背。物流信息的互联互通以及信息共享已经使物流园区超越了地域的限制，可以使其面对更为广阔的客户，获得更多的客户和业务资源。物流信息互联互通和信息共享已经成为物流园区未来发展的大趋势。

物流网络信息平台可以提供一切与物流运作相关的信息服务功能。物流网络信息平台主要由物流信息源、信息处理单元、物流信息管理和物流信息传输四个部分组成。物流网络信息平台可以对物流相关信息进行采集、筛选、分类、分析、存储、评价、发布、反馈、管理、控制等。物流网络信息平台可以提供全球定位系统、地理信息系统、电子数据交换系统、仓储管理系统、运输管理系统、供应链管理系统、货代管理系统等的接口，通过物流网络信息平台实现各个信息系统间的互联互通，实现物流园区与物流园区之间、物流园区与相关物流企业之间、物流园区与各种中介组织之间、物流园区与生产和商业企业之间、物流园区与个人消费者之间的信息共享，使物流园区能以更低的成本为客户提供更好的服务。

物流各相关用户可借助物流网络信息平台方便地发布各类物流供给信息和物流需求信息，通过物流网络信息平台及时掌握物流市场的动态。物流网络信息平台还是物流企业与税务、工商、国检、海关等政府职能部门进行沟通的重要渠道，通过物流网络信息平台可以实现节省许可证申请、退税、缴税、报检、报关等业务的办理时间，提高物流活动的效率。物流信息网络平台也是物流企业与银行、保险等金融机构进行交流沟通的渠道，通过物流网络信息平台可以节约物流企业信贷办理的时间，提高工作效率。物流园区间可以通过物流网络信息服务平台实现互联互通，提高物流活动的效率，可以实现物流资源的充分整合及优化配置，降低物流园区的运营成本，提升物流园区的工作效率。物流网络信息平台是实现物流一体化及供应链一体化的重要基础和保证。

（一）物流网络信息平台的建设主体

随着物流产业的发展，物流需求规模不断增长，物流需求类型也越来越多样化。一些具有敏锐市场洞察力的非物流企业开始加入物流行业队伍中，并作为物流信息网络平台的建设主体开展物流信息共享平台的建设。在物流行业中，那些对物流业务非常熟悉的物流企业，在物流业发展过程中发现了物流信息共享所带来的商机，也逐步脱离具体的物流业务，专注于物流网络信息平台服务。

这些物流网络信息平台的建设主体一般都具有较强的信息洞察力和执行力，并且具有非常强大的网络资源整合能力和市场运作能力。它们的这种整合能力既体现在对物流园区内部的仓储资源信息、装卸工具资源信息、运输工具资源信息、物流货物资源信息、物流人才资源信息、物流信息技术资源信息、物流信息系统资源信息等的整合上，也体现在对物流园区外部的交通资源信息、电子商务平台上的物流资源信息、物流相关服务机构的物流资源信息以及其他区域的物流园区的信息资源等方面的整合上。通过物流信息资源的整合，可以实现物流活动全过程的及时、准确传递，实现物流活动的一体化、可视化，从而为物流园区以及物流相关企业和个人提供全国乃至世界的物流信息资源共享，更好地提升物流园区的物流服务水平和物流工作效率。

（二）物流网络信息平台的功能、作用

物流网络信息平台，可以为入驻企业和客户提供在线交易和相关政府服务，是物流园区之间协作的核心和关键。通过物流网络信息平台，货主、客户可以利用便捷的网络服务，进行信息询价、订舱、订单查询、报表生成和打印、车货跟踪等业务。入驻企业在为物流网络信息平台提供相关物流信息的同时，也可以享有物流数据管理、财务管理、物流业务管理以及决策辅助等信息服务功能，还可以通过该平台为企业获得安全、可靠的数据传输和汇总、异地出货和签单、财务处理和结算等功能。建设物流网络信息平台，不仅能满足入驻企业的信息交流需求，更重要的是可以实现物流园区与政府职能部门、其他物流园区等外部用户进行信息对接，为入驻企业提供跨地区、跨平台的信息服务。

因此，应重视物流园区的信息化建设，打造开放的物流网络信息平台，为区域物流园区的协同发展提供信息支持和保障。

1. 提供数据存储管理服务

物流网络信息平台可以为物流园区入驻企业提供基础数据录入、存储管理及业务过程管理、辅助决策、财务管理等公用信息支持，并能够通过互联网为企业提供区域范围内的数据传输、数据汇总、异地出货、异地签单、分支财务处理、财务结算等功能。通过先进的数据库技术，建设系统、完善的物流信息数据库，为物流园区、物流企业、客户以及有关管理机构等提供物流信息共享的基础保证。物流信息数据库中的数据包括一定时间内的路网交通状态、收费状态、事故和车辆运行状态等历史数据，包括物流园区内的物流企业、工商企业、税务、银行等服务组织机构的相关数据，也包括提供电子政务服务的政府部门等相关数据。

2. 提供顾客服务功能

为用户提供全方位、系统的信息服务是物流网络信息平台的基本功能，也是其重要的核心功能。物流网络信息平台可以向用户提供各类物流信息的组织、维护、发布、查询、询价、交流等服务。这些具体信息包括企业业务交易信息、综合公共信息、货物跟踪信息、车辆调度跟踪信息等的查询和检索等。另外，还可以提供物流货物库存控制、运输工具管理、国际贸易物流管理、财务管理等功能。

3. 提供物流信息共享服务

物流网络信息平台的主要功能就是向各物流业务相关主体提供数据信息共享服务，保证物流园区内的物流企业、入驻的物流相关企业、中介服务机构以及其他物流园区等主体之间的信息有效传递和交流沟通，为各相关主体物流业务的正常开展和效率提高等提供信息资源的保障。物流网络信息平台能够实现与物流园区外部的社会公众用户、政府管理部门、政府职能部门、行业协会、商业企业以及其他相关行业或组织部门等用户与物流网络信息平台的有效对接，也可以实现与其他区域内部及外部的物流园区信息平台的有效对接，高效、便捷地为物流园区和入驻物流园区的各物流企业和物流相关企业等提供跨平台、全方位的信息共享和相关物流资源等的整合服务。一般来说，供应链节点企业的信息系统建设程度大多不同，各企业之间的信息共享程度也不同，而企业间的信息交互对于降低供应链总体成本以及提高整个供应链的运作效率具有重要作用。物流资源整合就是通过物流网络信息平台的系统接口的标准化将不同物流信息系统进行整合，将分散、不同标准的相关物流信息资源进行汇总，形成标准化的物流信息，为用户间的信息共享提供支持和服务。

4. 实施物流资源整合功能

物流网络信息平台可以通过信息共享实现物流信息的有效传递，为各相关主体提供平等的机会，并且可以加强物流园区内的物流与供应链上下游企业之间的合作，实现对供应链的优化，提升各相关主体的效率和效益。当供应链中的合作企业发出物流请求后，物流园区内的企业可以通过物流网络信息平台迅速与其他合作企业建立起高效的信息沟通，为提出请求的企业提供高水平的物流服务，有助于利用闲置物流资源，实现物流园区网络系统内的资源以及其他社会资源的整合，实现资源的优化配置。

（三）物流网络信息平台系统构成

物流园区之间的基础设施资源、交通运输工具资源、仓储资源、相关入驻企业资源等的资源共享都依赖于物流园区之间的物流信息共享，物流园区信息共享与否以及共享力度大小等状况直接决定了物流园区之间的各种资源的整合效果。要实现物流园区之间的有效协同运作，物流相关行业管理部门需要制定物流数据的标准、规范以及相应的通信协议标准等，同时，各物流园区要加强各自系统平台之间数据及软件接口的开发和建设，保证物流园区之间数据传输、交换和共享顺利、有效进行。物流网络信息平台的信息共享需要资金结算系统、车源信息系统、货源信息系统、仓储信息系统、客户需求信息系统、物流供求信息发布及管理系统、供应链管理系统、运输配送信息管理系统、货物信息追踪及查询信息系统、物流仓储货位信息管理系统等的协调与配合。

物流网络信息平台是为企业提供各类物流信息的收集、录入、存储、整理、发布的平台以及为相关物流业务主体之间提供互动交流的空间，是实现物流园区之间以及各物流相关主体之间横向联系的重要基础。该物流网络信息平台的建设有利于实现物流园区之间的信息共享和信息数据交换的无缝衔接。物流园区之间通过该网络信息平台可以建立起常态性沟通机制，通过信息共享实现物流基础设施资源、物流交通运输资源、物流仓储资源以及各种物流信息资源等信息的开放和共享，扩大各物流园区以及各相关物流主体的业务合作范围。

四　物流信息协同机制解决的问题

物流园区的协同发展是基于物流活动的协同发展，纵向的物流系统主要是由众多相互独立但又紧密联系的物流仓储系统、物流运输系统、物流装卸系统、物流包装系统、物流运输配送系统、物流流通加工系统以及物流信息处理系统等众多子系统所构成的有机整体，这些子系统之间相互作用，共同完成物流活动；横向的物流系统主要是由不同的物流实体组织所构成，这些物流实体组织之间通过强强联合或者优势互补等方式，利用各自在资金、管理、人员以及技术等方面的资源进行协同运作，不断地提升各自的物流市场竞争优势的目标。在协同运作过程中，物流园区通过各个目标和任务并不相同的子系统之间的相互协调配合、相互交流沟通，使得这个开放的物流系统通过物流信息共享来降低物流运作成本，提高整体物流运作效率和物流服务水平。

（一）物流园区信息协同的基础

物流园区之间的协同运作需要依托物流网络信息平台进行。物流网络信息平台作为各物流以及物流相关主体的重要工作支撑平台，集成了所有与物流园区协同发展的相关的物流信息以及信息服务的相关功能。物流网络信息平台为物流电子数据交换、全球定位系统、地理信息系统等提供相应的接口，可以实现各个系统与平台的有效对接；各物流园区以及物流用户都可以通过该平台实现物流供给和需求信息的发布和共享，随时掌握物流市场的相关动态信息；物流网络信息平台为物流园区及物流用户等相关主体与政府相关管理部门的日常工作等提供相关接口，可以提高相互之间的工作效率；物流网络信息平台为银行、风险投资商、抵押典当商以及保险组织等金融机构提供了相关的接口，可以高效率实现融资，缩短货物保险等业务的办理时间。

（二）物流信息协同机制解决的激励问题

每个物流园区都是一个具有开放性的主体，既从其外部获取相关的信息和资源，也在与其他的物流园区等物流节点共享自己的资源，各物流园区之间通过协作互动实现物流信息共享和物流相关资源的整合。物流园区的协同就是以整合区域物流资源、形成产业集聚的物流园区为基本组织单元，以市场为导向，由政府机构、行业协会或大型龙头物流企业引导或发起，通过物流园区平台之间的常态沟通和互动协调机制，推动物流基础设施资源和信息资源的相互开放和共享，实现各类物流资源要素的有效流动和优化配置，促进入驻物流企业之间的跨区域、跨平台的网络化运作，实现物流园区投资和管理方、物流企业、货主客户以及地方政府等多方受益的多赢目标。物流园区协调发展的信息协同机制的相关建设主体主要是政府、物流园区、物流企业、生产制造企业以及商业流通企业，它们依托物流网络信息平台，通过计算机网络技术、ITS 技术、数据存储技术以及数据挖掘技术等实现各自的监管信息、政策信息、物流运营信息、仓储资源信息、装卸工具信息、交通运输工具信息、运输工具轨迹信息、货物踪迹信息、生产制造企业相关经营信息、流通企业相关信息等业务信息的开放和共享。物流网络信息平台的建设可以有效地实现对各方主体的激励。在物流信息协同的基础上，可以实现政府对物流资源的整合和优化配置，提高政府的工作效率，实现物流服务地方经济、促进地方经济发展的目标。在物流信息协同的基础上，物流园区以及物流相关企业等主体可以实现物流相关资源的优势互补，提升各自的物流效率，提高各自的物流服务水平，提升各自的竞争优势。在物流信息协同的基础上，生产制造企业不再面对多头的物流企业，可以获得定制化的高水平物流服务，使其可以专注于自己的核心生产经营业务。在物流信息协同的基础上，商业流通企业可以及时地了解生产制造企业的产品生产信息以及在物流活动中的货物位置和商品的配送信息，可以给顾客提供更详细、更准确的商品信息，提升自身的服务水平。物流信息协同机制能够解决各相关主体的信息共享，实现资源的优化配置，提升各自的工作效率，实现多方主体的共赢发展。

（三）物流信息协同机制解决信息成本问题

物流网络信息平台可以通过开放接口，将各个相关主体的信息平台或者信息系统通过相应的技术整合起来，方便各主体间的信息交流和沟通。各个物流信息协同机制建设的相关主体可以通过信息协同机制共享自己的信息，同时也可以获得其他相关主体的信息。

一般来说，在信息时代，一个组织或者个人很难获得完全信息，如果想获得需要的完整信息，那信息的搜寻成本也是一个天文数字。物流各相关主体通过物流网络信息平台，并通过共享自己相关物流信息的方式，能够实现以最小的成本获取所需要的最大物流信息的目标，从而依靠物流信息协同机制来降低各相关主体的信息成本。

第三节　物流园区协同发展的生态机制

学者认为，协同进化是生态系统的发展模式，是指生物与生物、生物和环境之间在进化过程中的某种依存关系。捕食、竞争、合作与共生是产生协同进化的重要途径。协同进化的基本单位是生物个体或种群。各物种之间的协同适应使得整个生态系统也显示出适应性。类比自然生态系统的发展模式可知，物流园区的发展模式也是协同进化，也有捕食、竞争、合作与互利共生等途径。在生态学研究领域中，生物体是生态学中的基本单位，是生物生态系统中的活动主体。物流园区作为物流活动的重要节点，是物流产业的重要组成部分，更是其协同发展的生态机制中的基本单位。

在生态学领域中，生物体作为生态系统的基本单元可以独立完成一系列的生命活动，而物流园区作为物流系统中的独立的经济实体，与生物体一样也可以独立完成一系列物流活动。物流园区可以自主开展运输、仓储、流通加工、信息服务、保税及海关监管、增值物流服务等多种物流作业，独立承担物流市场调查、物流作业的合理组织、企业协调及人才培养等物流组织管理任务。物流园区的协同发展离不开其周围的生态环境，当前的经济发展状况、国家的方针政策、人们的社会生活习惯、物流市场需求状况以及其他物流园区的发展状况等共同组成了其发展的外部生态环境。物流园区不断地从其所处外部环境中获取自身发展所需要的物资、能源、人才、资金、技术等各类发展资源。如果物流园区发展的这些外部环境发生了变化，那么对物流园区的发展或多或少都会产生一定的影响。物流园区要想健康、持续发展，就要不断适应外部环境的变化，不断调整自身的发展规划、策略等。所以，物流园区与其外部环境之间是一种相互作用、相互影响的关系，在不断的协同进化过程中始终保持一个动态的平衡。

一　物流园区的生态学属性

如同生物体可以独立完成一系列生命活动一样，物流园区作为独立的经济实体也可以独立完成一系列的物流活动。生物体具有资源转化能力，可以与周围的环境进行物质和能量的交换，维持生物体的健康成长；物流园区在运营过程中也会不断消耗燃油、电力等能源，将这些能源转化为物流活动的动力，并将产生的废弃物排放到周围的环境中，维持物流活动正常开展。动物、植物以及微生物等生物体对其所生存的周围环境的光照情况、湿度情况、温度情况等外界环境因素的影响会产生相应的反应，生物体为了生存和发展，其在适应外界环境的同时也会对外界环境产生一定的影响；物流园区作为区域、全国乃至世界经济发展的重要组成部分，也在不断地与其外部的经济环境等发生各种各样的作用，物流园区在发展过程中需要不断根据国家及各级地方政府的相关产业发展政策、经济发展政策、物流产业发展政策、物流基础设施资源、物流市场需求、物流市场竞争状况等外部环境的变动而对自身的经营战略和策略等进行改变，物流园区还可以通过适应外部环境的变化来不断争取更多、更大范围的物流市场份额，确保物流园区自身能够实现健康及持续发展，同时，物流园区的建设和发展也会对城市布局、交通、人们生活等产生各种各样的影响。在自然生态系统中，竞争不可避免，优胜劣汰、物竞天择的竞争关系是不二的法则，生物体之间在竞争的同时也存在相互协作以及协作共生的合作关系，这样可以更好地适应环境，保证生物体能够健康、持续地繁衍生息；作为独立的经济实体的物流园区在社会经济发展的系统中也存在与其他物流园区以及相关物流企业之间的物流市场争夺问题，它们之间也存在激烈的竞争关系，物流园区之间通过竞争可以实现物流资源的优化配置。

物流园区作为区域经济发展的重要组成部分，其所拥有的技术资源、人力资源、资金资源、交通运输资源、仓储资源以及服务辐射范围等都是有限的，其承担的物流市场份额也是有限的，要想降低物流成本，提高物流园区资源的利用效率，提高物流园区的运营效益，就需要与其他区域以及其他同质化或异质化的物流园区进行广泛、深入的合作，联合起来共同开发物流市场，共享相关的物流资源，在合作中实现物流资源的整合，实现物流园区之间的优势互补，并最终实现共赢。

二 物流园区生态位

（一）物流园区生态位概念

物流园区生态位是物流园区运营发展所需的全部条件，代表了某一时期、某一区域范围内物流园区在区域经济体系中获取、配置优势物流资源和生产要素的能力，以及与同一经济区域中其他物流园区之间的相互关系，是物流园区综合竞争力的表征。任何一个物流园区不管其经济实力、资源实力有多强大，它的物流服务辐射范围都是有限的，如果超过了其物流服务的辐射范围，那么其生态位就难以支撑，所以物流园区的生态位具有区域性的特点；物流园区的生态位受其内外部环境的影响，随着其内外部环境因素的变化而产生变动；物流园区和企业一样也有生命周期，在其不同的生命周期其生态位也会产生变化；物流园区外部的自然条件和社会条件的变化对物流园区的生态位会产生影响，因此物流园区的生态位具有动态性的特点；物流园区生态位尽管受其内部因素和外部因素的变化而产生变化，但在整体上物流园区生态位具有相对的稳定性。

（二）物流园区生态位类型

物流园区要想维持稳定、持续、健康的发展，就需要在时间、空间、市场组成的三维空间中找准自己的位置和市场功能定位，并构建自己的生态位。物流园区的生态位根据各物流园区之间的相互关系可分为以下三种类型。

1. 物流园区生态位完全重叠类型

物流园区生态位完全重叠是指两个物流园区在相同的时间段内，在相同的经济区域内，共同面临相同的物流市场空间，提供相同类型的物流服务。根据生态学中的竞争排斥理论，两个物种的生态位完全重叠，则这两个物种将产生激烈的竞争，"物竞天择、适者生存"，只有具有竞争优势的物种能存活下来。生态位完全重叠的物流园区，在发展过程中为了占领共同的物流市场，也会产生激烈的竞争，具有竞争优势的物流园区会把其他生态位相同的物流园区从重叠的生态位上排挤出去，在激烈的竞争中使资金不断壮大。而被排挤出去的物流园区要么消亡，要么寻找其他适合自身发展的生态位；如果生态位完全重叠的物流园区在实力上相当，那么这些物流园区或者通过不断提升自身的竞争优势获得均衡发展，或者通过相互之间的合作实现共赢发展。

2. 物流园区的生态位相交叉类型

物流园区生态位相交叉是指在相同的时间段内、在相同的经济区域范围内，在两个物流园区各自拥有的物流市场空间中有一部分相互重叠，两者都向重叠的市场提供相同类型的物流服务。也就是说，它们的生态位有部分重叠在一起。这两个物流园区除了重叠的生态位以外，还各自占有一部分没有竞争关系的生态位。这种生态位相互交叉的物流园区，两者既存在激烈的竞争也存在相互之间的合作，它们在生态位重叠部分的物流业务之间进行竞争，而生态位没有重叠的物流业务之间可以进行广泛的合作，物流园区之间通过竞争合作机制不断发展；两个物流园区也可能展开全面的竞争，除了生态位重叠部分的物流业务竞争外，其他没有重叠的物流业务也可能展开竞争，从而引发全面的物流业务竞争，最终结果有二：一是两个物流园区实力水平相当，共存发展；二是其中一个物流园区被打败，要么消亡，要么转移生态位。

3. 物流园区的生态位不交叉类型

物流园区生态位不交叉是指两个物流园区在相同的时间段内，在同一个经济区域内，所占据的物流市场空间不同，并且它们提供完全不同类型的物流服务，所以这两个物流园区的生态位没有重叠。具有相邻生态位类型的物流园区之间不会产生直接的竞争，但可能存在潜在的竞争，将来可能各自都会向对方的生态位进军，双方都可能提供与对方目前一样的物流服务，这样就出现了两个物流园区之间生态位的交叉；具有相邻生态位类型的物流园区之间也存在相互合作的可能和机会，由于生态位不重叠，所以合作的领域和机会比较多，可以充分开展合作，实现双方的共赢。

（三）物流园区生态位维度

焦薇（2014）在其博士学位论文中，通过与生态系统生态位的类比分析，在生物体的生存空间、活动时间、食物种类以及在生物环境中的地位四个维度分析的基础上，结合物流园区的实际特点，认为各个物流园区在"能够提供物流服务的时间"生态位维度上是一致的，因此物流园区的物流服务时间维度可不予考虑。她通过整体分析，认为物流园区具有物流服务功能、物流服务辐射范围和物流园区在经济环境中的地位三个有效维度。她通过与产业生态位类比分析，在产业生态位的地域生态位势、空间生态位势和功能生态位势三个维度分析的基础上，结合物流园区的实际特点，提出了物流园区生态位的物流服务辐射范围、物流服务功能、可供利用的资源条件和在经济环境中的地位四个物流园区生态维度。她通过与企业生态位的类比分析，在企业微观生态位分析的基础上，认为在同一个经济区域内的多个物流园区如果向同一市场提供相同的物流服务，那么这些物流园区在生态位上就是相同的，并且这些物流园区彼此之间会产生激烈的竞争，这些物流园区之间要想避免激烈的竞争，就要尽量向不同物流市场区域提供不同种类、不同档次的物流服务，通过这种方式来实现生态位的分离，以此削弱相互之间的竞争，并将竞争转化为协作。她在企业生态位分析的基础上，提出物流园区的物流服务辐射范围和物流服务功能两个关键生态维度。她从竞争力角度应用迈克尔·波特（Michael Porter）的竞争力分析经典——钻石模型对物流园区的生态位进行分析。波特的钻石模型包括企业战略、结构和同业竞争，生产要素，需求条件，相关支持产业四项基本要素，还包括政府和机会两项辅助要素。这四项基本要素和两项辅助要素（总计六个要素）之间彼此互动、相互关联，共同决定竞争力的大小。对于物流园区来讲，机会这一辅助要素是可遇不可求的，因此不是物流园区竞争的常态化条件，在物流园区的生态位中可以不考虑这个要素。

总之，焦薇（2014）通过对物流园区生态位与生态系统生态位、产业生态位和企业生态位的类比研究，并借助钻石模型分析得出如下结论：服务辐射范围、物流服务功能、物流园区可供利用的资源条件和物流园区在经济环境中的地位是物流园区生态位的四个关键维度。

三　物流园区发展竞争协同机制

根据生态位理论，每一个物流园区都有其各自的生态位，由于它们之间的生态位存在重叠，所以物流园区之间就存在竞争关系。那些在生态位上没有重叠的物流园区之间没有竞争关系，但这些物流园区要想更好地发展，则需要相互之间进行合作，以获取更多的发展资源。

物流园区彼此之间是一种复杂的竞争与合作关系，在努力提升各自竞争优势的同时，还需要努力开展合作，在竞争中合作，在合作中竞争。物流园区之间通过竞争获得优势，通过合作取得共赢，从而实现物流园区的协同发展。

物流业的需求具有多层次的特征，因而就出现了提供各种不同物流服务内容的物流公司。物流市场也需要这些物流企业共存。物流服务具有不可分割的特性，既需要短距离配送也需要长距离运输。物流服务的这种特性导致物流公司有时无法独自完成整个物流服务，而是需要不同的物流公司来共同完成一项物流服务，这就必然导致这些物流公司或者物流园区之间既存在激烈的竞争关系又存在相互的合作关系，同时也为各种类型和各种规模的物流企业提供了广阔的市场空间和合作机会。物流企业以及物流园区之间的这种竞争与协作共存的现象就是竞争协同现象。

过去，物流企业的发展和物流园区的发展主要聚焦竞争，竞争是物流企业和物流园区发展最重要的策略。现在，这种单纯的竞争理念已经不适合物流企业和物流园区的发展。同时，由于竞争也是确保参与协同运作的各个物流园区资源优化配置和提高物流活动效率的基础和保证，因此，要改变以往那种单纯竞争的物流园区发展理念，转而采取竞争合作的发展理念。

竞争只是事物发展的一个方面，而合作是事物发展的另一个方面，二者是一个矛盾的统一体，物流园区只有在竞争合作的基础上才能够更好地发展。

物流园区之间既存在争夺有限资源的对立竞争，也存在为了完成物流服务这个共同利益的合作，这种竞争与合作关系是物流园区发展过程中不可分割的矛盾统一体。物流园区之间通过这种竞争行为，可以有效降低物流园区之间的同质性，逐渐提升物流园区之间的异质性，逐渐塑造自己的核心竞争力。同时，物流园区之间通过合作还可以弥补各自的不足，实现优势互补，降低整体物流活动的运营成本，实现各物流相关主体的协同进化和可持续发展，从而实现各物流园区共赢的发展目标。物流园区在发展过程中应遵循"竞争—合作—协调发展"的路径。

（一）物流园区竞争发展机制

经济学理论认为，作为独立经济实体的物流园区为了实现既定的发展目标和自身经济利益的最大化，必然会产生同行竞争。生态学理论认为，区域内的各物流园区主要利用同一经济区域中的各种物流资源，它们具有相似的物流生态位，因此也不可避免地会产生竞争。物流园区之间的竞争就是指在物流相关资源有限的情况下，同一经济区域内的各物流园区之间存在物流基础设施投入的竞争、相关优惠政策的竞争、物流人才的竞争、客户资源的竞争等各种各样的竞争。

如果一个物流园区的既定目标和经济利益实现的幅度越大，那么其他的物流园区的既定目标和经济利益实现的幅度就会越小，由此，这些物流园区就会开始变革——采取创新服务种类、改进服务质量、调整服务价格等相应的措施来提升自身的利润和竞争优势以占领更大的市场份额。

物流园区间的竞争主要体现在政策、资金、人才、技术、服务、货源、市场等领域。在同一经济区域内，尽管各个物流园区拥有的物流资源基本一致，但并不是所有的物流园区之间都存在激烈的竞争。提供同质化服务的物流服务园区之间存在竞争，而提供互补性服务的物流园区之间就不存在竞争，即使有竞争也会较小。在同一经济区域内，物流资源相对有限，物流园区之间的竞争主要是资源利用的竞争。物流园区要想在竞争中获得胜利，需要从物流园区自身的特点出发来建立自身的竞争优势。物流园区可以确定合适的物流资源配置模式、确定合理的物流市场经营范围，并以此形成其自身独特的竞争优势。这种竞争优势可以是物流园区在整个物流市场中的地位，也可以是物流园区对独特资源条件的正确、合理的运用。物流园区通过这些合理、有效的方式能够提升自身的竞争力，从而获得在物流供应链中的竞争优势。

物流园区间的竞争保持了物流市场的活力，通过这种竞争可以实现物流资源优化配置，提高物流活动的效率，促进物流资源在物流产业中的合理流动，实现物流园区整体效益的最大化。

（二）物流园区合作发展机制

在同一经济区域内，非同质化的物流园区之间经常会开展合作，它们之间相互合作的基础就是那些各种相互依赖的资源。而同质化的物流园区，其各自拥有的物流信息技术、物流装卸及运输工具、物流信息管理技术等具有相似性，它们面对同样的物流市场并提供相似功能的物流服务，因此这些同质化的物流园区之间必然存在激烈的竞争关系。资源的稀缺性导致每个物流园区拥有的资源以及物流服务能力等都是有限的，并且每个物流园区拥有的资源以及提供的物流服务或多或少都存在一定的差异，这种物流资源与物流能力的差异性使得物流园区之间开展资源与优势互补的深层合作成为可能。因此各物流园区为了保证自身的收益，在提升自身竞争优势的同时，还需要借助外部的力量，通过与其他物流园区的合作来提升自身的整体竞争优势。物流园区之间在竞争中求生存，在合作中求发展，这种发展模式与生态学中的生物共生关系极其相似，因此，也可以借用生态学中的合作共生理论来研究物流园区的合作发展机制。

物流园区的合作共生理论是指在资源有限的条件下，服务于某一经济区域的多个物流园区，为降低成本、提高物流服务水平、提高市场占有率、共同挖掘潜在利润等，分工合作、强强联合，追求同类物流资源共享、异类物流资源优势互补，在互通有无的过程中，创造整体竞争优势，使得各个物流园区和整个共生系统的资源配置效率和全局效益实现最大化。在物流园区共生系统中，可以实现物流园区之间的物流、资金流和信息流的有效传递和沟通。在物流园区共生系统中，物流园区之间以及物流园区与其共生系统之间都存在相互激励和相互促进的关系，可以促进物流园区的进化和创新发展，推动物流园区共生系统新功能的产生，使物流园区能够以更低的成本、更高的效率、更灵活的服务方式、更优质的服务完成单个物流园区所不能完成的个性化及多样性的物流服务，进而提高物流园区的竞争力和盈利水平。物流园区的合作共生发展有多种形式。

1. 物流园区合作共生系统

随着中国物流市场的不断扩大，许多物流园区为了获得更多的资金、技术、人力等发展资源，开始实施"走出去"的发展战略，同一地区以及不同地区的物流园区都在积极探索相互之间的合作，以不断提升自身的竞争能力。

目前，区域经济一体化进程不断加快，跨区域的生产要素流动越来越频繁，一个功能齐全、方便快捷的综合物流体系能更好地为区域经济发展提供系统、全面的服务，促进区域经济的快速发展，因此物流园区要向区域物流一体化方向发展。区域物流发展的一体化可以扩大物流园区的服务范围，为物流园区带来更多的发展机遇。在激烈的竞争中，物流园区受运营成本、运营效率等共同利益的驱动，相互之间逐渐开始实施跨地区、跨市场的合作。物流园区之间通过相互合作，共同构建起完善的物流网络服务体系，可以不断提升各自在物流市场上的影响力，逐渐树立起自身的品牌知名度和核心地位，实现物流园区各自利益的最大化。

为了更好地发展壮大物流业务，物流园区应根据与其他物流园区的差异化竞争优势来重点关注一些在价值链上能够为客户创造独特价值的环节，并在其他环节中广泛地与其他物流园区开展合作，从而发挥物流园区各自的核心竞争力，实现物流资源的优势互补，达到"一加一大于二"的效果，为客户提供更高品质、更高效率的物流服务，最终获得更多的利润。在物流共生系统中，除了各物流园区获得更多利润外，还会使区域物流系统的整体竞争实力增强，提升各物流园区的整体综合实力。

随着生产自动化及智能化的发展，生产制造企业越来越重视物流运作过程，对物流服务的要求也越来越高。物流园区所提供的传统仓储业务、装卸业务、运输搬运业务、包装加工业务以及信息处理业务等基本物流服务业务已经无法适应生产制造企业的物流活动需求。随着传统制造企业的自动化、柔性化以及即时性生产的发展，它们需要更精细的专业化和定制化的增值物流服务，因此物流园区为了适应生产制造企业的生产需要，必须在物流服务领域进行创新。创新会给物流园区带来巨大的不确定性风险，而物流园区通过合作可以发挥各自的互补性资源优势，整合各物流园区的核心技术，共同承担物流业务创新成本，从而达到降低创新成本、分担创新风险的目的。

物流园区通过合作，将过去的输赢关系转变为互相信任、风险共担、收益共享的共赢关系。物流园区通过合作，实施合理、专业的分工，使各自都专注于自己擅长的领域，充分发挥各自的竞争优势，实现各自利益的最大化。物流园区通过合作加强合理以及专业化的分工，使每个物流园区不需要投入太多的成本就可以实现物流资源整合的目标，同时，物流园区不用扩大经营范围，通过合作建立广阔的物流网络就能占有更多的物流市场份额。

2. 物流园区合作协同发展联盟机制

协同进化理论认为，在自然条件的制约下，物种之间既存在竞争也存在合作，通过竞争与合作可以使物种的生存能力获得提升，从而实现协同进化。物流园区的协同发展同样也遵循协同进化规律。同一经济区域内以及不同经济区域内的物流园区在发展和物流活动运营过程中，都存在或多或少的联系，要么相互作用，要么相互影响。一个物流园区创新了物流信息技术，改进了物流管理技术，完善了物流基础设施等，就会对其他物流园区产生影响。其他物流园区为了维护其在物流市场竞争中的地位，则会采取相应的措施来提升自身物流服务能力和水平，以保持或提升自身的竞争优势。物流园区就是在这样不断动态变化的过程中，相互作用、相互影响、相互竞争以及相互合作，从而实现物流园区间的协同进化发展。

物流园区的协同进化就是在竞争与合作的推动下，一个或几个物流园区为了适应其他物流园区的进化而进化；同时，其余物流园区针对前述进化做出适时的反应由此也获得进化。协同进化的结果就是：使同一经济区域内物流园区的生产成本降低、服务质量提高、利润获得增长、运营更加有序和高效。物流园区的进化不仅取决于自身，还取决于相关物流园区的进化。由于物流园区各自拥有的资源有限，不可能、也没有必要在物流活动的各个环节做到最优秀，所以物流园区应依据自身的核心资源与核心能力与其他物流园区开展广泛的合作，做到"人无我有，人有我优"。物流园区通过合作的方式解决自身在资源和能力方面的短板，并以此构建自身的竞争优势。

物流园区合作共生系统是在各个物流园区相互信任、共享各自的优势资源、共享信息技术基础设施等的基础上，由物流园区所组成的合作联盟，各个物流园区通过该系统可以更迅速地响应物流市场需求，更好地为物流市场提供优质、高效的物流服务。物流园区合作共生系统就是一种物流联盟。物流联盟根据物流园区之间以及物流园区与物流服务需求者之间的不同关系可以分为横向物流联盟和纵向物流联盟两种：横向物流联盟是物流园区之间为了应对日益增加的物流市场机会与物流园区自身物流资源不足之间的矛盾，主动与竞争对手建立的一种相互合作的关系；纵向物流联盟是物流园区与物流服务的需求者之间为了各自的利益而建立起来的一种互利互惠的长期战略合作关系。

3. 物流园区供应链协同发展机制

目前，供应链管理理念已经被广泛应用于物流业中。供应链管理作为新的物流理念和管理技术，将物流企业和物流园区的视野从过去只局限于供应链上的物流运营这个单一的环节扩展到整个供应链。物流企业或者物流园区与供应链上的所有相关企业之间通过供应链建立起一种战略合作伙伴关系，将过去相互分割且单一的买卖关系转变为供需双方的紧密合作关系。供应链管理理念将以往单独企业之间的竞争转变为供应链之间的竞争，各个企业需要从全局视角出发，在重视自身利益的同时更要重视供应链整体的效益，实现供应链上多方主体的共赢。

供应链理论与价值链理论密切相关。迈克尔·波特的价值链理论认为：企业之间的竞争不是某个特定环节的竞争，而是整个价值链的竞争，企业的竞争力由整个价值链的综合竞争力决定。物流作业涉及运输、仓储、装卸、搬运、包装、流通加工、信息处理等一系列环节。由于资源和能力的限制，物流园区可能在某些环节上占据优势，而在另外一些环节上却相对薄弱。"短板效应"理论认为，物流园区的薄弱环节可以使某些优势环节的能力得不到充分发挥，进而影响整体能力的发挥。因此，物流园区之间通过优势环节的合作，重新整合价值链，弥补劣势，发挥优势，能够提升整体竞争力。在由原材料及零部件供应商、生产制造企业、分销商以及最终消费者组成的供应链系统中，各个相关主体之间通过价值链关系联结在一起，在价值链关系基础上进行协同发展。物流园区是供应链环节中的中心环节，可以实现货物的远程运输和城市配送的连接，可以实现海港与内陆的连接，可以实现生产企业与其上下游合作企业、流通企业和最终消费者之间的连接。

物流园区与物流客户之间的协同关系可以分为独立协同关系、依赖协同关系与共生协同关系三种情况：物流园区与物流客户之间的独立协同关系主要是指物流活动的供、需主体都具有较强的独立性，相互之间不存在依赖关系，离开了对方并不影响各自的政策生产和运营；物流园区与物流客户之间的依赖协同关系主要是指物流活动的供、需主体，有一方的主要业务的开展需要较大程度地依赖于另一方，如果离开了对方则物流园区或者物流客户的正常业务就会受到影响；物流园区与物流客户之间的共生协同关系主要是指物流活动的供、需主体之间已经形成相互之间不可或缺的共同发展和共同生存的协同关系，双方相互依赖，双方在合作的过程中，其中一方的运营情况会直接影响到另一方的生存和发展，只有两者相互合作才能获得共同的发展。

在供应链系统中，某个物流企业或物流园区通过对资金流和信息流的控制，可以实现供应、仓储、运输、配送整个过程所涉及的运输企业、商业企业、仓储企业、配送企业以及最终用户等联结成一个整体的物流功能网链结构。在这个物流功能网链结构中，涉及的主要供应链节点有：物流的需求方、物流的供给方、物流中介、政府部门和辅助服务组织机构等主体方。在供应链系统中，物流需求方不需要与其他物流园区或物流企业开展商业活动，只需要与一个物流园区开展相关的商业活动，就可以完成所有的物流活动，因此可以节约大量的时间和精力去做企业的核心业务；物流园区与其他物流园区开展全方位协作，可以实现物流资源、信息资源等的交流、沟通和合作，为客户提供高质、高效的物流服务，为赢得更多的客户订单提供保证；对于整个供应链上的各相关主体来讲，整体降低供应链运营成本，可以使这个供应链上的各相关主体都能以较低的成本获取更高质量的物流服务，实现供应链上各主体的多方共赢。

在供应链中，物流活动将各个相关主体联系起来。各个相关主体为了获得更大的利润，提升物流活动的效率，逐渐将企业不擅长的各种物流活动外包给物流园区、第三方物流等组织。企业则专注于发展自己的核心业务，提升自己的核心能力。物流园区、物流中心等主体将生产资料、零部件等配送给生产制造企业，并将生产制造企业生产出来的产品配送给分销商和最终消费者。在整个物流活动中，物流园区可以充分参与到供应链系统中。物流园区可以参与到生产制造企业的具体生产过程中，根据生产制造企业的实际生产需要，通过集中储备，避免或降低分散储备，将需要的原材料、零部件等及时送到生产流水线上，并将生产出的产品直接配送到分销商及最终消费者手中，降低供应链总体库存总量，由此，可以帮助生产制造企业解决仓储问题，使生产制造企业实现零库存生产、JIT生产，从而最大限度地降低生产制造企业的生产成本。物流园区利用物流网络信息平台可以实现跨区域的物流配送，并产生强大的物流调节能力，进而可以有效保证供应链上所有相关主体业务的开展，可以提高整个供应链的效率，提升供应链的整体效益。供应链企业和物流企业之间的密切合作和服务标准的定制化，有助于物流相关企业延展物流服务链条，促进供应链上的生产制造企业进行经营管理以及生产方式等的创新，实现物流园区和生产制造企业等的跨区域合作，降低供应链上企业的交易成本和协调成本。

物流园区在物流活动过程中涉及的价值链整合问题要依据协同学理论进行解决。依据协同学理论，在一个系统中，各子系统之间的竞争普遍存在，竞争促使系统由无序的不稳定状态发展到有序的稳定状态，竞争是系统演化的动力和基础，也是系统实现协同的前提条件。系统中的各子系统或各要素之间通过良好的协调互动产生合力，发挥整体的功能促使系统不断向前演化发展，从而获得倍增的整体效益。当前，物流园区彼此间联系松散、合作较弱，为促进区域经济发展以及高效服务社会，物流园区必须实施整体协同发展。

区域物流园区系统作为整个社会大系统中的一个子系统，会受到来自外界环境因素的影响，并动态地与外界环境进行各种交换，因此需要各物流园区与区域外的物流园区和物流平台等进行对接和合作，共同打造一个高效的物流运作协同机制。区域物流园区的协同发展也包括区域物流园区系统内部的协调。区域物流园区系统内部可以通过一定的组织方式把区域内不同规模、不同类型的物流园

147

区联系起来，最终形成一个有机整体，使各物流园区相互促进、相互协作，从整体上提高区域物流园区的服务水平和效率。

通过协同发展，物流园区系统与社会、经济、环境等外部系统和谐共生，建立良好且稳定的运作机制，使各物流园区获得可持续发展能力，实现物流及相关资源的整合，实现各物流园区资源的优势互补、共同发展，创造区域物流园区最佳的经济和社会效益，并形成一个良好的动态物流生态系统。物流企业间以及物流园区间通过合作可以降低物流活动的费用和物流组织管理成本，实现物流园区的优势互补，增强物流园区的核心竞争力，实现规模经济效益，实现合作各方的共赢发展。

四 物流园区绿色协同发展机制

经济全球化，带来了世界范围内的能源、物质、生产资料、生活资料等的流通，促进了物流产业快速发展。在一般情况下，物流园区多建设在重要的港口、交通枢纽、城市的郊区。21世纪，人们开始重视物流产业发展过程中所带来的交通阻塞、环境污染、资源浪费等一系列问题，开始重视物流活动对环境的污染、对物质和能源等各种资源的消耗，并提出了绿色物流的发展理念。

物流园区作为联系企业产、供、销的重要纽带，通过与其他物流园区之间协作，可以更好地实现物流业务各个环节的有效衔接，减少不必要的倒运和装卸，减少货物损耗和货物运输差错等现象的发生，实现对货物的集散以及配送更好的优化，有效降低运输工具的空载，有效控制运输工具载货不足，有效减少交通运输工具的运输迂流，降低相关物流费用，提高交通运输工具的运输和配送效率，并改善交通状况，缓解运输压力，减少汽车等运输工具的尾气排放，减少对城市的噪声、空气等的污染，从而实现环境友好型社会物流产业的发展。

各相关管理部门、监管部门等要加大物流标准化建设，通过建立系统完善的标准，实现物流术语、物流技术标准、物流运作模式以及物流管理标准等的推广和应用，实现物流托盘、物流集装箱、物流运输车辆、物流装卸设备、物流仓储、条形码等物流装备、运输工具、装载工具、物流仓库货架、物流信息技术、物流包装标准、设施标准等的标准化，实现与国际同行业接轨，实现中国国内同行业间的互通互用，实现不同交通运输工具间的有效衔接，提高交通运输工具空间的有效利用，从而保证物流活动畅通并且提高物流活动的效率，进而达到降低物流活动成本，减少物质、能源等资源的浪费，实现绿色物流的发展目标。

应建立相应的物流技术标准，对包装等材料实现重复利用。对于货物包装材料，应进行统一回收处理，并进一步加工，实现再利用。应利用无污染、环保以及可重复利用的包装材料，通过各种措施实现物流园区之间的环保、绿色协调发展。

各物流园区应通过不断创新物流业务流程，减少物流中间环节，不断改进物流装备、运输工具，实现物流活动的可视化、网络化、实时化、绿色化，降低物流活动的能源消耗，发展低碳物流，最终建立起与环境友好的现代绿色物流系统。

第四节　物流园区协同发展路径

物流园区是物流系统的重要节点，在现代物流活动中承担着物流资源的集聚重任，应按照专业化和规模化等原则组织各种物流活动，通过提供基础物流设施和相关的配套服务等资源将众多物流企业和众多相关的企业集中在一起，推动物流活动的集中化、专业化和规模化的发展。从单个个体来看，物流园区主要承担物流基础设施功能和物流服务功能，这是物流园区的物理属性；从组织网络来看，物流园区主要承担着物流园区内部相关物流企业以及相关物流组织机构的组织和整合的功能，同时还承担着与物流园区外部的其他物流园区的开放对接和互动功能。物流园区与外部其他物流园区的协同发展主要采取以下三种发展路径。

一 物流园区协同发展的资源共享路径

物流园区是由资源以及对应的资源获取能力等一系列要素集合组成，物流园区拥有的资源特别是拥有的异质性资源是物流园区建设以及保持持续竞争优势的重要条件。如果合作的物流园区双方存在资源、能力的互补性，或者存在资源、能力的异质性，那么单个物流园区就可以从物流园区联合体中获得更多的可利用资源，从而降低其物流活动成本，增加其收益。因此，物流园区自身所拥有的物流资源可以以某种正式或者非正式协议的形式向其他物流园区开放。物流园区通过这种合作方式可以实现各自物流资源的优化配置，提高整个合作系统内的物流资源使用效率，从而最终实现物流园区协同发展的多方共赢格局。

物流园区之间基于资源开放所建立的协同关系可以使任一物流园区比其自身单独运作所获得的效率更高、效益更大，因此物流园区之间的协同发展实现了物流园区业务规模的增加，同时也实现了物流园区自身收益的提升。基于资源共享的物流园区之间的协同运作不仅可以提升各自的物流效率和物流服务水平，而且可以提升整体物流园区的物流效率和物流服务水平。各物流园区拥有的资源互补性越好，则物流园区之间的协同效果越明显；相互协作的物流园区之间各自拥有的物流资源开放程度越大，则每个物流园区在实际的物流运营中投入的人力、物力和财力就越少，越有利于各物流园区规避大规模的投资建设所产生的沉没成本，由此产生的协同效应也越明显。物流园区之间在协同发展的过程中，通过各自物流资源的共享和开放极大地减少了物流企业的资源使用成本，从整体上降低了物流活动的成本，提升了整个物流服务产业的效率和水平；物流园区之间依托市场机制和物流网络信息平台的技术支撑，实现了物流资源的开放和共享，提高了整个社会的物流资源利用效率，实现了整体物流园区的共赢。

物流设施设备共享是指通过设施设备的租赁形式，将物流园区自己的仓储资源、装卸及运输资源、流通加工设施资源等提供给其他物流园区使用，以最大限度地减少物流基础设施的重复投资建设，降低物流系统的总体物流成本，提高物流运行效率，增加物流整体效益。物流人力资源共享是指结合物流园区发展战略和人力资源优势，基于特定业务平台，开展业务研讨、经验交流、业务及管理培训等人力资源合作，取长补短，解决人力资源短缺问题，努力促进企业人力资源队伍的素质提升。物流商誉资源共享是指以核心企业为依托，利用其通过管理经验和运作能力所塑造的商誉，打造物流商誉航母，实现经营管理水平的跨越，其短期内有利于实现共享核心企业扩大再生产的目的，同时，也为加入的园区提供成长机遇和空间。物流信息资源共享是指通过搭建网络信息平台，及时跟踪、发布、反馈物流园区业务相关信息，为物流园区战略的制定、决策的落实、业务的开展提供信息支撑。

二 成本分摊路径

随着物流产业的发展，物流基地、物流中心、物流园区等物流节点在共同目标的驱使下，在一定的时空范围内往往形成一个系统的物流网络共同体。各物流园区通过相互合作和资源共享，使物流网络共同体中的各个物流园区获得网络效应和规模经济效益。物流网络共同体中的各物流园区作为独立的物流活动个体，都会追求自身利益最大化，因此它们对于物流网络共同体的建设成本非常在意，能否制订合理的费用分配方案直接影响着物流网络共同体的平稳运作和可持续发展。

（一）物流园区协同发展成本分摊条件

对于物流园区在协同运作过程中所产生的成本如何进行分摊，应遵循一定的条件：在物流网络共同体中参与分摊的总体费用应该在其中获得收益的物流园区之间进行分配；在物流网络共同体中的任何一个物流园区所分摊的费用应该不大于其自身单独运作时的成本；如果某个物流园区没有造成物流网络共同体的合作成本增加，那么该物流园区就可以不承担相应的成本。

（二）物流园区协同发展成本分摊流程及标准

在物流园区协同运转过程中，由于每个物流园区的效益取向不同，因此在成本分摊问题上可能会有不同的分摊标准。物流园区协同发展中的各受益物流园区在进行成本分摊之前，首先要对分摊标准进行充分的协商，应在各受益物流园区达成一致的成本分摊意见之后，再进行具体的分摊工作。由于成本分摊标准与各物流园区的预期收益标准挂钩，因此可以充分保证每个物流园区在具体的成本分摊活动中的公平性和合理性。物流园区协同运作过程中常用的分摊标准可以划分为三类：第一类标准就是各物流园区的成本分摊费用与获得的效益比例应尽可能接近其投资的总体费用、效益比例，这样的分摊标准才能够让其接受并觉得公平合理；第二类标准就是各物流园区的成本分摊费用与获得的效益比例应尽可能均衡；第三类标准就是要综合考虑各物流园区的成本分摊与最优等效替代费用比例尽可能接近。

三 一体化路径

物流园区一体化是基于系统的思想在物流领域中的应用。物流园区一体化包括两个层面的内涵：横向一体化和纵向一体化。

（一）横向一体化

横向一体化是指物流园区功能要素一体化，即围绕包装、装卸、搬运、运输、储存、流通加工、配送、物流信息、客户关系等功能要素，从系统的角度出发，综合协调各功能要素的投入和产出，追求整个系统效益最优的目标。在物流运作过程中，不同功能环节通常由不同主体承担，物流运营主体追求自身的利益最大化，尽可能追求所承担业务的运营成本最优。但由此会造成此消彼长，产生效益背反，这也正是整个物流系统成本居高不下的原因。应努力推动物流园区资源整合，打破行政区划和行业界限，有效整合和规范物流园区发展，通过兼并联合、资产重组等方式，整合需求不足和同质化的物流园区；对于同质化明显的园区，应通过功能定位和分工，突出专业化特点，同时注重物流园区网络化建设，从政府角度协调物流园区功能定位及利益分配机制。

（二）纵向一体化

纵向一体化是指供应链的一体化，就是围绕着企业供应物流、生产物流、销售物流等一体化进程。学者认为，实行主导企业引导模式的物流园区将成为纵向一体化的试金石。例如，汽车物流园区通过对其供应链上下游的整合和集聚，调节供应链各个阶段的成本和费用，最终实现供应链系统整体效益最大化的目标。

第六章 物流园区协同发展对策

本章从区域物流园区主体视角出发，以物流能力互补、区域物流园区资源共享、多主体协同进化为目标，提出区域物流园区的协同发展对策，以丰富与完善区域物流园区协同理论，同时也为区域物流园区间的协调、合作等提供理论指导和决策依据。

第一节 政府层面协同发展对策

"一带一路"倡议的实施，给中国物流产业以及其他国家的物流产业发展带来了巨大的机遇。"一带一路"倡议的深入发展必然带来各个沿线国家之间的贸易往来和物资流通，对于物流园区的要求也将会越来越高。要让物资更好地在全国范围内流通，更好地在"一带一路"沿线国家之间流通，需要国内各个物流园区之间协同发展，也需要国内物流园区与"一带一路"沿线国家的物流园区之间的协同发展。

中国的物流业已经步入转型升级的创新发展阶段。中国物流园区需要在政府的大力支持下，进行广泛的创新以不断适应物流产业的快速发展。物流园区及其相关企业需要在创新理论的指导下发挥更大的内生动力，需要与高等院校和科研院所协同合作共同给物流产业发展提供理论创新服务。

物流园区在区域经济发展过程中、在区域物流产业发展中扮演了十分重要的角色，外溢效应和协同效应使得物流园区的技术、知识等也呈现出多元化发展趋势，并由此触发和推动了区域物流园区的更大规模效应、更多创新应用乃至更大范围的多元化。①

政府对物流园区的作用主要体现在对基础设施的投资力度、对公共服务的完善和发展、对管理制度的规范等方面。物流园区建设与发展成功与否的关键在于政府是否在区域发展规划、区域经济发展规划、区域性结构布局、市场监管、贸易政策、税收政策等方面制订了适应当前市场经济发展的政策。物流园区作为物流产业的重要组成部分，决定了一个地区经济发展所需要素物资的高效、合理以及有序的流动，由此对区域内外资源的整合和优化配置产生重要的作用，并对区域经济的发展产生重要的作用。因此，各个区域政府应该加大对物流产业发展提供各方面的支持。

一　制定物流园区协同发展相应政策及法规

哈佛大学的迈克尔·波特认为：公共产品和定义广泛的制度（如政府机构）是创造产业集群卓越生产力的五大原因之一。② 此理念也同样适用于物流园区的建设发展——政府对物流园区全方位影响贯穿于物流园区建设和发展的整个生命周期。政府是公共基础设施的主要建设者和提供者，可以为经济发展和社会生活服务等提供完善的基础设施。道路、运河、码头、港口和机场等既是经济发展和人们生活所必须配备的基础设施，也是物流产业发展所必需的基础设施，因此，政府要负责建设和管理这些基础设施，并对这些基础设施进行维护。

完善的基础设施可以保证物流产业健康、有序地发展。物流产业的健康发展还需要物流园区之间的协同，而物流园区之间的协同发展需要政府的管理、监督和规范。政府应制定一系列政策、法规来对物流园区的发展进行规范。如制定物流园区的土地使用政策、投融资政策、税收优惠政策、人才引进政策、技术创新政策等，制定物流基础设施的使用规范以及运输工具的运营标准等，制定和实

---

① 焦薇：《经济区域内物流园区协调发展理论与方法研究》，博士学位论文，北京交通大学，2014年。

② 尤西、谢菲：《物流集群》，机械工业出版社2017年版，第26页。

施鼓励贸易发展的相关措施等。此外，地方或者区域政府为了招商引资以及为了吸引更多的社会资源来发展当地或者区域内的经济，也需要根据支持物流园区发展的政策目标，综合运用各种政策手段和工具，实现财政政策、土地政策、行政管理、法律法规等政策手段的有机统一。

（一）财政政策

财政政策是一个国家或者地区为实现一定的经济和社会发展目标而实施的一种重要宏观经济调控政策手段。通过这些手段可以实现政府的意志和目标。政府的财政政策对于物流产业以及物流园区的协同发展有着不可替代的作用，政府可以通过财政投资、购买支出、税收优惠等财政政策来促进物流产业以及物流园区的建设和发展。区域以及地方政府可以通过各级预算内资金对物流园区的建设实施重点扶持。政府可以加大对区域物流园区的税收优惠力度，对入驻园区的物流企业按照各自的企业特色进行税费的优惠与减免，以降低物流企业的运营成本和税费负担，增加其产出效益。

（二）土地政策

土地是物流园区发展和建设的重要资源，也是制约物流园区发展的重要资源，从物流产业以及物流园区可持续发展的角度来看，中央和地方各级政府必须制定合理的物流园区土地使用政策以确保物流园区健康、持续发展。物流园区必须严格按照政府所制定的物流园区土地使用政策来规划、建设物流园区，不能改变政府划拨或者批准的土地用途，同时，应最大限度地提高物流园区的土地、空间等的利用率。政府应将物流园区的土地使用纳入总体规划中，合理安排土地利用指标，同时评估环境影响，并简化监管和审批程序。对于国家级、省级示范优质物流园区可优先列入区域经济建设用地供应计划项目。① 对于那些经过地方政府认定的重点现代物流项目，只要不超过国家规定比例，就可以给予土地供应政策的优

---

① 曹彪：《前景无限 期待落实——就〈全国物流园区发展规划〉访贺登才》，《运输经理世界》2013 年第 11 期。

惠，并逐步改善投资环境，吸引更多的物流资源向物流园区集聚。

（三）行政管理

物流园区的发展离不开政府的监督和管理，政府可以直接或间接地对物流园区的经营进行调节和管理，而政府的职能效率可以对物流园区的发展具有重要的影响。公平、公正、高效、廉洁的政府对于物流资源的集聚以及物流园区之间的协同发展会产生较大的吸引力，会有助于区域物流产业的发展，会有利于区域内物流园区的资源整合，进而能不断提升物流园区自身的核心竞争力，实现物流产业发展的良性循环。区域政府的行政管理部门需要充分发挥各自的职能，根据物流园区发展规划、建设以及与其他区域内的物流园区等相关主体的协同发展需要，通过政府投资、外汇利用等政策手段，努力为物流产业以及物流园区的发展等营造良好的营商环境，为个人和企业发展提供一个安全、稳定的社会工作及生活环境；努力提供高质量、高效率的良好公共服务，提升政府的信用，塑造良好的政府形象，提高政府的创新能力和行政管理能力，以吸引国内外的物流资源不断入驻本地的物流园区，为物流产业以及物流园区的可持续发展提供保证。

（四）法律法规

"没有规矩不成方圆"，物流园区的发展以及物流园区之间的协同都需要相应的法律、法规来加以约束和规范。目前，中国物流产业发展的相关法律法规还不够完善，还没有形成完善的体系，中央和地方各级政府还需要不断完善物流产业发展的相关法律法规。政府可以通过税收法规、优惠政策等配套手段和工具对物流园区的发展以及物流园区之间的协同等实施影响，并促进物流园区不断优化运营。例如，物流园区的发展不可避免地会对周边的环境产生影响，政府要制定相应的环境法规来约束物流园区，以减少其对周边居民正常工作和生活的影响。社会的发展离不开稳定、安全的社会环境，物流园区作为重要物流节点，在运营过程中不可避免地会碰到各种违法犯罪分子利用物流活动开展贩毒、贩卖枪支武器以及管制刀具等活动，政府要制定相应的法律法规对物流园区的日常运营进行约束，以确保物流园区能够依法依规进行经营和发展。总之，要尊重各级法律体系对各级政府管理行为进行行政规范，要尊重各级法律体系对各区域物流园区入驻企业的经营秩序进行严格规范。进而对政府规章和各级法律法规进行相应的配套衔接与完善，营造有利于物流园区建设和运营的协同环境。[1]

（五）融资政策

物流园区的发展需要有人才、技术以及良好的基础设施，这些都需要大量的资金投入，而政府的投资毕竟有限，不可能完全解决物流园区发展所需的全部资金，因此就需要政府制定相应的物流园区发展的投融资政策，以确保物流园区发展的资金需求。要制定政策以鼓励民间资本参与物流园区的建设和发展，要制定相应的政策以吸引风险投资资金参与物流园区的建设和发展，要制定相应的政策以鼓励中介机构开展物流园区的资产评估并为物流园区股份融资、抵押贷款等提供依据，要制定政策鼓励物流园区发行债券筹措资金，要制定相应的抵押贷款政策确保物流园区能够向金融机构进行抵押贷款以获得物流园区发展所需的资金。政府应通过制定相应的投融资政策来确保物流园区在发展过程中能够随时、随地地获得资金的支持和保证。

（六）激励政策

物流园区的发展需要人才、技术以及其他相关的资源支持，而物流园区要想集聚这些资源则需要政府提供相应的激励政策来实现。物流园区的发展需要各种层次的人才，尤其是高层次人才。因此，政府要制定相应的人才引进政策以吸引高层次物流人才。比如，政府应为物流园区引进的人才解决户口、配偶工作、子女入学、居住的房屋等问题，应为物流园区引进的高水平人才提供安家费等；政府还应通过各种政策激励地方高等院校、职业院校等为物流园区的发展培养各种不同层次、不同种类的物流专业人才。政府应为地方高等院校和职业院校提供更多的资金，鼓励物流园区与高

等院校进行合作，联合培养物流专业人才。由此，通过合作，既解决了物流园区人才匮乏的问题，也解决了高等院校物流专业毕业生的课外实习问题，同时也提高了物流专业毕业生的理论联系实际的能力，整体性提高了物流专业毕业生的综合素质，并且促进了地方经济的发展，最终实现了政府、高等院校、物流园区和物流专业毕业生的共赢。

政府应制定相应的政策对物流园区的技术升级予以支持和鼓励，应通过税收优惠政策鼓励物流园区对先进技术、设备和工具的引进和研发，不断提升物流园区的生产、运营能力和水平，逐渐实现物流园区的自动化和现代化水平；政府应制定相应的政策鼓励高等院校、科研机构等研究机构积极与物流园区合作开发急需的各种先进技术、工具和设备，为物流园区的现代化发展提供支持——如货物信息读取、存储和转化技术，货物定位技术，自动化装卸工具、自动化仓储设备、物流仓储运输等的优化模型设计，自动分拣技术等。

物流园区的发展壮大需要不断吸引各物流相关企业、组织机构等入驻物流园区，政府需要制定相应的优惠政策，吸引和激励当地和区域外部的物流企业以及相应的中介服务组织和机构入驻物流园区，并为物流企业及物流园区的发展等提供系统全面的服务。如制定短期税收减免等优惠政策吸引区域内部和外部的物流企业入驻物流园区开展物流业务；政府联合物流园区制定相应的物业管理政策对入驻物流园区的物流企业和中介服务机构等提供水电、租金等的减免，吸引保险公司等入驻物流园区提供保险服务；政府制定税收减免政策鼓励民间资本投资物流园区的基础设施建设、公共服务设施建设等。

政府应通过制定一系列的政策法规，促进相关的基础设施建设投入的力度，促进人力资源创新教育体系发展，为物流园区协同发展提供系统、完善的公共服务，提升物流园区的土地、知识技术、基础设施、信息等各要素资源的投入和产出效果，并进一步带动更多的资源要素使之更多投入物流园区的建设和协调发展中。政府只有与时俱进，不断完善和创新政策，才能保证物流园区的协同驱动和持续发展。

二 政府做好物流园区相关基础设施投资建设

物流园区的正常业务开展以及发展需要完善的物流基础设施的支持和保证。这些基础设施除了物流园区内部的基础设施以外，还包括物流园区以外的道路、水路、货运码头和机场港口等基础设施。

政府应充分考虑物流园区周边的各种环境，做好物流园区的规划，并投资于物流园区内部的道路交通、停车场地、仓储空间、基本办公及生活服务设施等的建设，确保物流园区以及入驻的物流企业和其他与物流相关的中介服务组织机构的业务正常开展。

物流园区的发展水平还会受到外部相关基础设施的影响。物流园区周边的道路交通、水运河流、航空网络以及机场、港口、码头等设施的完备程度也会对物流园区正常物流业务的开展产生重大影响。政府作为公共基础设施的建设者、维护者和管理者，要做好物流园区周边区域的合理规划，做好物流园区周边道路基础设施的建设，做好道路交通网络的合理规划和布局，避免由于周边工厂、企业事业单位的重大活动以及人们生活等造成交通阻塞，确保物流园区内部和外部货物正常周转、运输。政府还应做好区域内部公路线路、铁路线路、水运路线、航空运输线路等的合理规划和布局，做好机场、港口、码头等物流中转站布局以及相关基础设施等的建设，为物流园区货物顺利运输和中转提供保障。

畅通的道路交通、宽敞的铁路货场等可以为高效的物流园区运营提供有力支撑。物流园区软硬件基础设施需要持续维护和不断升级，因此对物流园区需要进行长期投资。随着物流园区的不断发展，对运输工具的限制会极大地影响承运人的效能发挥，为了更好地发挥劳动生产率和能源效应，政府应该理顺规章，给予物流园区电力、油气等能源供应的优惠和保障，确保物流园区高效运转，为区域经济发展和人们生活提供支持和保证，促进区域经济进一步发展。

三　政府推进物流网络信息平台建设

物流园区的协同发展离不开信息的支持，物流园区之间只有通过信息共享才能互通有无，才能更好地实现相关物流资源的整合和优化配置。应搭建跨区域物流信息合作平台，加强信息沟通，应在政府指导下，建立生产、加工、配送等各环节的物流信息网络，实现物流园区内部信息衔接，并对物流流程采用网络跟踪定位技术，有效控制、全程监管，提高产品供应链运作效率。[①] 物流网络信息平台的建设不是一个物流园区的事情，而是所有参加协同活动的物流园区的共同任务。物流网络信息平台有公共物品的属性，因此在建设的过程中也不可避免会出现搭便车的行为。物流网络信息平台的这种公共物品属性就需要政府的参与，政府应通过制定相应的规则对各物流园区进行约束和激励，本着"谁建设、谁使用"的原则开发和建设物流网络信息平台。

物流网络信息平台可以由政府牵头建设，也可以由某个物流园区主导，物流行业协会参与，在政府的宏观指导和各方主体的共同参与下开发、建设。最终实现物流园区、政府相关主管部门、交通运输部门、港口码头组织、生产企业、商业组织等的物流相关信息全部集聚到物流网络信息平台上。

物流园区的协同发展除了要有完善的硬件基础设施保障外，还需要有完善的金融和信息技术等服务，要打造更加多元化的物流网络信息平台。物流网络信息平台建设初期，只需要满足地区的物流服务要求，随着物流网络信息平台的逐步完善，信息不断丰富，就可以应用大数据技术充分挖掘信息的价值，更好地促进物流资源的整合和优化配置。

政府在积极推进物流平台信息建设的同时，还应做好物流园区与工商、税务、司法等政府相关部门的信息对接，做好信息共享和

---

① 王瑞：《物流公共信息平台构建及运作模式研究》，硕士学位论文，长安大学，2012 年。

监管工作。应配合政府的电子政务系统，更好地为物流园区的协同发展服务。物流网络信息平台打破了地域的限制，可以在"互联网＋"和大数据的时代大背景下，融入跨行业智能物流网络，确保物流交易更方便、更快捷地实施。

四　政府鼓励物流园区创新发展

目前，中国的现代物流管理理论和技术应用等研究工作日渐丰富，理论基础基本建立，并广泛涉及电商物流理念、物流园区商业模式、供应链金融、物流园区宏观与微观管理、物流园区智能物流网络等多方面内容。[①] 但是，从总体而言，中国物流产业的发展还不够系统化、均衡化，多式联运的衔接，物流园区和枢纽的软、硬件整体规划和配套设计等，还相对薄弱，立体仓库和货架、物流综合管理信息系统、自动分拣系统和数据分析利用等方面还有很大发展潜力，物流园区企业对物流的增值功能及成本管理水平还有待于进一步发展完善。因此，如何将现代物流管理理论和技术、信息理论以及物流园区理论协同发展，使物流园区在整个生命周期的发展成为区域经济和生态经济、循环系统的重要推动力，是未来一段时间物流园区协同创新理论体系的重要发展之路。[②]

国家的发展需要创新，社会的发展需要创新，产业的发展需要创新，物流园区的发展同样需要创新。随着科学技术的不断进步和发展，新技术、新理念层出不穷，并由此提高了生产效率，提升了人们的生活水平，促进了各行各业的自动化和现代化的发展。物流信息技术、物流装载设备、物流运输工具、物流仓储管理技术、物流跟踪及定位技术、物流信息存储技术、物流管理技术等的不断发展和革新，为物流园区的发展以及物流园区的协同运作提供了技术发展的基础和保证。物流园区要想跟上时代发展的步伐，更好地为经济发展和人们的社会生活服务，就需要不断应用新技术、新理念

---

① 舒辉：《集成化物流》，经济管理出版社 2005 年版，第 56—58 页。

② 李美羽、王喜富、张喜、冯雪：《我国现代物流理论体系模块化框架构建》，《商业经济与管理》2015 年第 10 期。

革新物流园区的运营和管理，使物流园区时刻站在技术的浪尖和潮头。

物流园区的创新发展离不开创新人才，物流创新人才是物流园区创新发展的基础和保证。政府除了要为高等院校提供相关资金扶持外，还应该为高等院校以及科研机构引进高水平的教师资源和科研人员提供相应的政策优惠，为高等院校和科研机构的高水平物流创新人才培养创造良好的人才培养环境。

中国的物流产业正在以只争朝夕的速度发展。中国的物流产业尽管应用了大量的先进物流相关技术，应用了大量先进的管理方法、工具和理念，使得物流园区获得了长足的发展，但还要不断进行创新以解决目前物流园区发展所面临的各种技术、管理等方面的问题。物流园区的人力、物力和财力有限，不可能解决发展中所面临的所有问题，因此需要政府参与物流园区的创新发展。政府充分发挥自身的主导作用，通过管理监督和协调沟通，通过出台相关激励政策，促进高等院校、科研机构以及物流园区等相关企业、单位积极合作，努力开展物流园区的创新工作。政府应为高等院校和科研机构的物流技术创新、管理创新等项目提供一定的资金扶持，物流园区应为高等院校和科研机构提供物流市场技术和管理的创新需求信息，并提供一定的资金资助高等院校和科研机构的科研成果产业化。通过多方协作，最终实现物流园区与高等院校、科研机构、政府的多方共赢，更好地为地方经济发展服务。

五　政府确保物流园区人才的供给

物流园区的建设、运营和发展需要各个层次和不同种类的物流人才。具体而言，物流产业以及物流园区的正常运转需要大量的物流初级配送人员，需要各种物流机械以及工具等的操作工人，需要基层物流管理人员、中层物流经理、工程师以及高层次的物流管理人员，因此物流园区以及物流园区的协同发展可以为高等院校解决大量的专科、本科和研究生等的就业工作岗位。

随着物流园区规模的增长，其内在复杂性也在增加。政府主管部门应支持职业教育和培训，提高物流园区员工的教育水平，提高他们的技术能力。网络培训和目前流行的 MOOC、SPOC 虽能提供教育，但相比真实课堂还是会打折扣。在真实课堂里，学生可以向物流园区各企业高管直接请教，讨论实际案例。政府支持物流的教育与研究项目，可以进一步帮助物流园区发展。教研机构培训熟练的劳动力，拓展新知识，在一定程度上也是培育企业家的方法。高等院校开设物流专业，加强研究生教育，鼓励创新创业，可以使学生系统学习先进的仓储管理和流程控制、运输、采购、配送、供应、信息技术和一系列相关学科知识。设计、管理、不断更新物流与供应链体系，需要大量复杂的、分析性的知识，物流园区的系统分析需要大量应用数学知识，尤其是运筹学方法，因此需要有大学和研究生教育背景下的经理和工程师，需要设立高等物流教育研究机构。目前，物流园区已经越来越多地采用先进技术跟踪和管理全部物流活动，物流园区就更需要职业教育资源来培训工人，需要培训物料搬运、运输作业、运输工具维护、商品价值增值等技能，以完善常规的专业和物流技能。

目前，尽管高等院校拥有大批的毕业生，物流园区对物流人才有大量的需求，但由于高等院校培养的毕业生缺乏实践经验，学生在毕业后不能很好地适应工作岗位的实际需要，因此产生了高等院校培养的物流人才与物流产业和物流园区所需人才不匹配的问题。政府需要做好高等院校和物流园区人才培养的沟通与对接，使高等院校和物流园区合作开展物流人才的培养工作。高等院校在制订物流人才培养方案时应与物流园区进行广泛沟通，充分考虑物流园区对物流人才的需求标准，物流园区应为高等物流人才培养提供实训基地，这样，通过高等院校和物流园区的合作，可以培养出高素质的物流理论与实践相结合的物流人才，更好地满足物流园区对物流人才的需要。[1]

---

① 刘峥：《高校物流管理人才培养问题与策略研究》，《湖北经济学院学报》（人文社会科学版）2015 年第 8 期。

第二节　行业层面协同发展对策

一　建立多元化物流业组织形式协同管理

物流园区为了自身的发展，必然会争夺有限的资源，因此物流园区之间不可避免地会存在竞争。通过竞争会实现资源的整合和优化配置。物流园区之间的竞争市场之外也存在着互补市场，物流园区之间也存在着合作的基础。它们通过共享各自的物流资源，通过共同协作完成相关的物流活动，从而实现资源的互补并可以实现协同效益。物流园区之间的协同发展需要相应的物流行业组织进行协调和沟通，物流行业组织是物流园区之间、物流园区与政府部门之间的桥梁和纽带。物流行业组织通过协调和沟通可以避免物流园区之间以及物流园区内的物流企业之间出现恶性竞争，避免损害物流业整体的利益，并更好地促进物流园区的协同发展。这样的物流组织可以是物流行业协会、物流行业协作联盟、合作机构、服务组织等。这些组织在物流园区物流资源的整合和优化过程中，可以促进物流园区的发展和竞争优势的提升，引导物流园区之间协同发展，促进区域经济的增长。

（一）行业协会

物流行业协会是政府管理、企业运作的致力于物流园区企业发展的协作机构。物流行业协会在物流园区协同发展中承担着代表、沟通、协调、监督、市场调查、信息发布以及研究等重要责任。物流行业协会可以在引导促进、合作交流、法律保险、信息咨询、鉴定认证、行业技能培训等方面提供服务，并可以在促进供应商和客户进行互动、协调成员关系与利益冲突、帮助企业降低成本、促进物流业增值、规范物流园区标准等方面发挥导向功能。① 物流行业协会对推动物流园区一体化协同发展起着重要的作用，是政府监管的有益补充和延伸。

---

① 周凌云：《区域物流多主体系统的演化与协同发展研究》，博士学位论文，北京交通大学，2012年。

（二）行业联盟

行业联盟是物流行业协会突破行政区划限制的一种组织形式。行业联盟可以共同制定区域物流园区协同之下的现代物流园区的发展规划、区域物流园区共同物流市场机制调节规则、物流园区管理规范、物流园区行业技术标准，推进区域物流园区市场秩序建立，探索区域物流园区市场资源的对接与整合。①

1. 全国物流园区行业联盟

全国物流园区行业联盟是由各地、各类物流园区以开放的、松散的行业组织形式自发、自愿构建而成的。实践证明，全国物流园区行业联盟为促进物流园区内部治理与管辖、外部联盟、外交和贸易关系、物流园区建设与运营、共享设备资源和信息资源、加强业务竞争与合作，发挥了重要的交流与合作的桥梁纽带作用。

2. 区域物流园区协作联盟

区域经济的发展和贸易的往来离不开物流活动。而区域物流园区之间的协作有助于实现物流资源的整合和优化配置，可以更好地为区域经济和贸易发展提供优质的物流服务，更好地促进物流相关知识交流以及促进区域经济发展。依托各地物流园区的地理区位优势、交通运输优势，组建全国行业联盟指导下的区域物流园区协作联盟，可以实现物流园区企业之间相互投资持股、扩展市场经营范围、延伸服务链条、共享经验与信息、创造物流增值服务等。区域物流园区协作联盟因地缘优势直接指导、协调园区企业，可以为物流园区带来资源共享、成本降低、便捷高效、合作协同等多种竞争优势。该竞争优势一旦形成，将会带动更多的物流相关企业进入，并产生战略性合作意向，可以使得物流园区规模进一步扩张并提升供应链的价值链，成为物流园区结构升级的推动力，为物流园区协同发展提供新的动力和支撑。②

---

① 邢虎松：《区域物流合作理论及应用研究》，博士学位论文，北京交通大学，2014年。

② 杨威：《中国物流园区运作的若干问题及建议》，《物流技术》2005年第5期。

（三）合作机构

合作机构（IFC）类似于行业协会、商会，其在集群中可以发挥一种特殊的联系政府与私人企业的桥梁作用。合作机构是不同于商业企业、政府机构或教育机构的中介组织。各个 IFC 是由互相联系的成员构成，有着共同的目的，可以是企业、个人、政府机构，甚至是其他 IFC。IFC 的活动包括：促进信息和技术的交流，开展联合宣传活动，促进成员之间的协调。合作机构一般都有正规的合作机制。

对于物流园区或物流集群，最有成效的合作机构是当地的商会和物流行业组织，因为集群体量庞大，集群中还有很多细分的合作机构，可以更好地处理专业域的具体问题。例如，地区物流协会分支，是合作机构的代表之一。协会分别由各自分工合作的四个委员会构成：第一个委员会负责对交通基础设施进行监督；第二个委员会负责与其他物流密集地区的互助合作；第三个委员会通过国内外杂志和广告推销；第四个委员会侧重于教育和培训。四个委员会各自的分管工作与政府某些功能基本相符。政府也要发展经济，要和其他行政区进行战略合作，开发基础设施，提供教育机会。合作机构往往与政府合作，作为合作机构所有成员的集体代表，负责游说政府，影响政府的政策制定。

二 充分发挥物流业组织在物流园区协调中的作用

在以上各层次物流业组织的引导下，随着物流园区整体竞争优势的增强，各物流园区协同发展结构升级，物流业组织应在与政府进一步沟通和指导下协调与完善物流园区协同发展相关对策，与政府沟通协商，推进物流园区内各资源的跨区域整合，建立和完善区域物流园区快速发展和布局调整，形成区域一体化的物流园区运输新通道和新业务，提升区域物流园区协同效率和效益。[①]

---

① 欧江涛：《区域物流园区竞合策略的演化博弈分析与协同发展研究》，博士学位论文，西南交通大学，2015 年。

（一）发挥行业协会的咨询功能

物流行业协会可以在物流园区的发展调研、业务咨询方面发挥专业化优势，将理论运用于实际操作中，可以对有相关需求的物流园区或者物流园区入驻企业提供定期的实际操作培训。

物流行业协会可以为物流园区内的企业创办社区学院或者培训中心，建立初级注册物流员（CLA）和中级注册物流师（CLT）行业认证体系。由于这些认证都是行业统一设定标准，由此，今后聘任的企业能充分了解聘任对象的业务能力。这样不仅能完成培训人员价值的提升，还能帮助物流园区内企业提高相关的设施效率和质量控制水平。

（二）发挥行业协会协作功能

成熟的物流园区和正在进行大量投资建设的物流园区都有一个共同的特点，就是所有利益相关者都需要合作，都要具备合作精神以及为了共赢的目的而进行的互助精神。

重大交通基础设施项目的建设规模巨大，且横跨、贯穿多个不同的区域，对区域的经济发展和人们生活以及物流业务的开展等具有深远的影响，因此需要当地、区域和国家运输部门以及其他相关管理部门等会同城市规划部门、行业协会和地产开发商等进行相互协作，以便使项目能够更好地发挥其作用。各类教育的发展都需要依靠政府的扶持和资助，涉及物流相关专业的教育就更需要政府的教育主管部门以及教育机构与物流行业协会进行沟通和协作，这样才能更好地为物流产业以及物流园区的发展等提供符合需求的物流人才。物流行业协会指导下的物流企业需要培训，需要有各种先进的物流管理理念，需要有各种先进的物流信息技术、物流自动化设备和运输工具，因此物流行业协会需要与教育研究机构合作，共同设计相关培训课程，并提供顶尖研究和实践的"实验室"。有效的物流教育合作关系，存在于各级政府、行业协会、教育机构和其他机构中。成功的物流园区能充分展示多方面的合作力量，能得到政府、当地商界以及行业协会等几个协作机构的共同支持。

（三）发挥行业协会的管理功能

物流活动作为供应链中的一个重要环节，涉及多个行业和组织的协同发展，因此行业标准和行业规范是物流园区发展的指导标准和技术基础。行业标准和行业规范能提高物流企业的管理效率，降低整个物流产业相对运行成本。行业标准和行业规范的制定需要政府和行业协会共同协作完成。在具有继承性的产业发展过程中，规范和标准的制定与实施，实际上就是一种利益的平衡和协调，这种工作由少数几家企业去承担显然是不公平的，政府应参与其中并指导行业协会进行运作，共同制定这些标准和规则。

（四）发挥行业协会的监督功能

物流行业协会可以对物流园区内的物流企业的经营方式、经营水平、服务系统、物流设施的利用以及物流服务质量等活动进行全程监督，督促建立物流园区持续发展的内在诚信机制，提倡合作协同的正当竞争行为，促进物流园区之间协同健康发展。

在物流园区重大项目建设和管理中，如果存在监督漏洞，物流行业协会应该及时指出，并建立科学的信息反馈机制，不断强化内部的监督，并能够提出相应的解决方案。物流行业协会通过进行定期的检查和评估，查找出在建设过程中存在的具体问题，并组织相关专家和学者进行诊断和分析，通过结果导向促进有关方面能够实施整改以保证建设质量，并降低风险。还需要设定项目管理预期目标，包括短期、中期和远期目标，按目标的实现情况来对项目建设管理进行监督，实现科学规范管理监督。

（五）发挥行业协会的渠道功能

物流行业协会应该充分发挥其第三方沟通优势，为供需双方企业或者组织提供物流服务的沟通渠道，将物流园区建设发展中存在的各种问题，包括整个物流园区的规划、物流基础设施建设、物流运营效率、政府工作效率、物流产业的可持续发展、物流活动的生态影响以及未来能够影响物流园区协同发展的改革途径等问题，以建议的方式传递给政府各职能部门，为解决物流行业以及物流园区及其协同发展中存在的问题出谋划策，并为物流园区的发展以及物流产业的发展献计献策。

物流行业协会还应注意培育外界关系，注重定期与国外物流产业同行进行交流，通过参加高规格的交易会、博览会等活动，将最新物流产业发展动态和信息及时传递给物流园区和物流园区内入驻的物流企业以及政府相关职能部门，促进物流相关工作和业务的开展。物流行业协会应不定期组织物流园区相关主管领导以及入驻物流园区的企业等到其他物流园区以及入驻的物流企业去参观交流，进行相关物流业务的研讨，并组织物流行业内的会员单位或个人赴国内外物流产业发达地区的物流园区以及物流企业进行参观、学习、考察和交流，促进隐性物流知识和供应链管理知识的学习。

物流行业协会应注重日常专项市场调查，搜集、整理物流园区和物流行业有关的资源配置、物流基础设施利用、企业生产运营、物流信息技术及其他相关技术开发等方面资料，定期与政府职能部门和物流企业共享这些物流信息资源，为政府宏观决策、微观决策、制定物流相关的政策法规，为物流园区相关企业制定和调整生产经营策略等提供参考依据。

第三节　企业层面协同发展对策

一　制定协同发展战略

从企业层面来讲，物流园区的协同发展最重要的是对物流服务的相对成本和服务水平的控制，因此，应该努力降低物流园区企业的相对成本，提高物流服务水平，带动供应链上下游环节的物流企业加快聚集，通过制定和实施物流园区协同战略，使物流园区具有高效物流和供应链管理能力、便捷通达的网络联系能力，促进服务内容、服务成本的改善。协同化的物流园区发展战略可包括横向协同物流园区发展战略、纵向协同物流园区发展战略、第三方物流实现协同化发展战略。物流园区各企业可以三种战略并行实施，也可以两两共存。

（一）拓展区域横向协同物流园区发展战略

在物流园区中，相同产业或不同产业领域之间的无序竞争往往会引起效率低下、服务和货源同质化、企业利益损耗、整体实力赢弱等问题。

区域横向协同物流园区发展战略，是物流园区中的物流企业与物流需求企业之间就区域物流园区企业物流战略达成共识，构建物流共同化运行系统。横向协同效应，可以使同一产业内不同企业间合作协调、优化配送、提高运输效率，使多样化配送、及时配送产生的高额物流成本降低，同时降低碳排放，实现低成本、高效率的横向物流协作。[①] 区域横向协同物流园区发展战略也可应用于园区内不同行业、不同企业之间，可以实现物流园区跨企业、跨行业合作。

从现实运作上来看，相同产业领域内不同企业的协同运作具有多种形式：一是协同采购。物流园区可以将同一企业内部各部门协同起来进行高效采购或将不同企业相对零散的采购项目集中，采用联合集中采购方式，以提高规模经济效益和提供低成本作业。二是在每条自上而下的供应链中，保留各物流园区企业原有的配送中心，并按照类别组织商品、客户、地区、路线等的共同配送，以使产品深加工额外成本低于产品在特殊设施中的加工成本。三是园区共享物流设施，采取寻找、定位产品，成批集中，化零为整，混装开发的形式，实现一定区域物流园区范围内的协同库存、运输、流通加工和配送，实现物流园区的协同管理，并以此增加效率性。[②]

将区域物流园区内不同产业横向协同，将不同产业领域中的与物流园区相关企业的物流采购与销售等相结合，协同闭环物流网络建设，通过物流园区、配送中心或大型仓库等设施的共同化运作，可以实现企业间物流管理的协调与规模效益。由于各物流园区内企业分属不同产业，因此可以排除竞争替代性干扰，物流集中处理的

---

① 杨海荣：《现代物流系统与管理》，北京邮电大学出版社 2003 年版，第 162 页。
② 胡良德：《城市物流园区规划研究》，博士学位论文，武汉理工大学，2005 年。

规模经济性效益可以得到有力保障，并可以有效维护区域物流园区内各主体的自身利益以及协同发展战略实施。

（二）深化纵向协同物流园区发展战略

区域纵向协同物流园区发展战略，是各流通渠道中不同阶段物流园区内企业基于设计的标准化业务流程，充分协作和信息资源共享而形成物流业务协同化系统。这种协同作业的最终目标包括物流园区各项生产经营活动的效率性、物流服务优质性、物流运作成本的效益优化性等。

纵向协同物流园区发展战略的具体战略形式主要有供应商和生产商之间的协同库存管理、批发商与生产商之间的物流协作、零售商和批发商之间的物流协作等。① 供应商和生产商的协同库存管理战略，是在现代网络信息技术和物流管理系统支撑下，建立库存供需双方的利益和责任平衡以及风险共担的协同管理模式，其允许供应商对下游组织的库存策略、订货策略进行计划与管理，并通过对框架协议经常性的监督和修正使库存管理得到持续的改进，使物流系统能够同步化、低成本运行。批发商与生产商间的物流协作形式表现为：一是大型生产企业具有较完善的物流网络，可依托企业的配送中心，对批发企业的运输、仓储、配送等提供物流支持；二是如果生产企业较弱，物流设施功能不健全，而批发商物流各设施准备齐全，则可由批发商集中协同处理多个生产商的物流园区内的物流协作活动。零售商与批发商间的物流协作形式表现在：批发商在优化自身物流系统的同时，对各系统的协同发展提出对策与建议。区域物流主体系统的协同发展是一个复杂的系统工程，也是一个长期的艰巨工程，需要相关主体相互促进、相互协作，进而促进系统整体协同发展。

二　健全协同发展标准规范

在物流园区内，传统的物流企业单一的服务方式不仅增加了客

---

① 龙江：《商贸企业物流》，中国物资出版社 2003 年版，第 132—135 页。

户需求的交易成本，还进一步损耗了企业自身的市场竞争力，阻碍了企业的市场活力。服务方式的一致性可以使不同的企业或同一企业的不同部门以及不同的个人在不同的时间所享受的服务具有一致性，可以促使物流园区内的物流企业在竞争与合作中获得协同正效应——协同进化。为了使庞大的物流园区更为高效、系统，应该在政府、行业协会组织指导下，动员各企业参与物流园区标准制定，努力进行规范化管理，进而为物流园区系统、安全、高效、协调运行提供有力保障。这些标准可包括区域物流园区建设标准、物流园区技术标准、物流园区基础管理标准、物流园区服务标准、物流信息标准等，力争形成与国际、国内接轨的标准化体系，推动物流园区协同化发展。

三 加强协同信息平台建设

应加快物流园区信息化建设，不断完善现代化物流信息技术——计算机网络技术、电子商务技术、物联网技术等，建立迅速传递及快速处理物流产品的物流信息系统、物流信息数据库、物流管理信息系统、电子数据交换等信息系统，通过信息系统协同平台及时共享与掌握国内、国际物流市场最新动态，及时关注贸易路线的变更和新路线的出现，促进新的物流园区快速兴起和快速扩张。

应打造开放、互联的物流信息平台，不仅为物流园区入驻企业提供基础数据管理、业务过程管理、辅助决策、财务管理等公用信息支持，并应能够通过互联网为企业提供区域范围内的数据传输、汇总、异地出货、异地签单、分支财务处理、财务结算等功能，同时为货主提供基于互联网的询价、订舱、车货跟踪、提单查询、报表生成和打印等自助服务功能。

物流协同信息平台的建立基础是物联网技术、云技术及自动化技术，同时，也有建立在这些基础之上的先进系统。例如，综合自动识别管理系统采用物联网关键技术，并与大量传感技术综合使用，包括地理信息系统、无线移动网络技术、温/湿度传感技术及射频识别技术等，由此构建了高效、高速、适时的现代物流管理信息平台，对物流园区的物流、资金流、数字流和信息流进行全方位管理，将物流园区的业务活动和其他活动以数字化的形式运作。[①]

四　注重协同人才储备和培养计划

在物流园区系统建设中，无论软件、硬件系统如何发达，最终还是要依靠人力资源来开展各项工作。要想实现协同运作、实现协同效应，就要提升相关从业人员的劳动技能、综合素质和创新创业能力。

需要提高区域物流与区域经济协同发展，加快区域物流园区人力资源结构性协同发展，探索多元化的物流园区人才培养层次。应以高等院校和物流园区研究中心为依托，将新的软件应用、先进的物流流程和独创的供应链概念通过研究报告、项目咨询、学生实习、毕业生创业及各种商业化活动等多元化方式，回馈到区域物流园区人才培养与储备中。这样，物流园区内企业才能在战略、策略、操作等各个层面有更为专业的人才管理和创新运行团队。

（一）扩大物流园区从业人员规模，共享标准化人力资源

由于各地的政策不同，因而存在明显的物流从业人员规模及业务能力发展不均衡问题。要优化物流从业人员规模，不仅要增加物流从业人员数量，还要调整各区域内物流从业人员的综合业务技能，使其可在不同作业之间轻松转换，实现标准化人力资源共享。要打破现有户口管理制度和社会保障制度，实现物流人才在各区域内部的自由流通。

（二）拓宽人才培养与引进渠道，建立物流人才的交流与培养机制

应拓宽人才引进思路——提供补贴、提供股权分红和完善的生活配套等激励措施，吸引和培养一大批懂技术、懂管理、德才兼备，能进行国际交流的复合型高级管理人才，同时造就一大批运

---

① 王继祥：《物流互联网与智慧物流系统发展趋势》，《物流技术与应用》2015 年第 3 期。

输、仓储、信息、金融、贸易、综合物流等方面的专门人才。学者认为，从需求类型上看，物流人才主要分为两类：一类是具有先进管理经验的管理型人才；另一类是掌握国际物流发展动态的研究型人才。针对这两类人才，重点是要引进政府部门的规划与管理人才、企业高层次经营管理人才等高端现代物流人才，同时，也应努力为物流园区培养稳定的后备人才。

应努力优化人才结构，建立物流人才的交流与培养机制，加强优良的物流操作员、设备操作手等应用型人才培养。应以物流园区研究中心为平台，实现物流人才的联合开发与合作培养，鼓励物流企业、行业协会和科研院所开展多种形式的协作，加大人才培养和培训力度，完善人才培养模式，为物流园区发展提供智力支撑。

（三）建立物流从业人员管理制度

应努力将现代物流人力资源管理制度引入物流企业内部，完善从业人员考核及管理相关制度，形成绩效考核指标体系，结合各物流科学指标，从业绩、产品质量等对从业人员进行相关评价，提高其服务质量和专业能力。应通过从业人员的岗前、岗位双层次业务提高，保证从业人员的素质递增，并保证园区运作的优质和高效。

（四）建立继续教育制度，使知识的更新能够及时惠及行业

企业应广泛组织技术培训，以提升物流园区人员创新创业综合能力。应建立面向行会组织的物流从业资格认证培训及考试体系——注册物流员、助理物流师、中级物流师、高级物流师等。应注重规范从业人员的准入机制。

同时，也可以邀请国际知名的物流专家、成功的企业家定期或不定期对物流园区进行参观指导和研讨，评估物流园区管理和技术等方面工作，对重大问题提出意见和建议；可以采用讨论会的形式对园区提出建设性意见，鼓励中层以上企业人员与专家汇报交流，以取得针对性的指导。

应多参加国内外行业或高校科研机构研讨会，并到国内外先进物流园区进行交流考察，将学习到的先进的管理理念、技术、发展模式等，移植到国内物流园的建设中来，并进行理论和实践的创新。

（五）分层次培养物流人才，储备物流业发展后备力量

全球贸易的兴起，对物流业效率的要求越来越高，由此，对物流从业人员、经理、高管的要求也随之提高。因此，应在全国重点高等院校和部分地方高等院校加大培养物流、国际商贸、电子商务、法律、供应链管理、航运知识、物联网等相关专业人才的力度。

应鼓励物流园区企业与高等院校联合培养专业硕士型人才，鼓励其研究绿色物流、封闭式供应链、人道物流、供应链战略、库存与仓储管理、金融与物流、协同策略、医疗作业的计量分析、逆向物流等。努力通过知识密集的研究和创新寻找新的增长点。

第七章　物流园区协同发展调查研究

　　鉴于地方政府十分重视物流园区协同发展问题，"'哈长城市群'物流园区协同发展机制和路径研究"课题得到了吉林省科技厅科技发展计划基金的支持，本章即以"哈长城市群"为背景，对物流园区协同发展进行实证调查研究。

第一节　物流园区协同发展调查准备

一　调查背景及目的

（一）调查背景

　　"哈长城市群"处于全国"两横三纵"城市化战略格局中的京哈、京广通道纵轴北端，是全国重要的老工业基地和最大的商品粮基地，是东北地区城市群对外开放的重要门户。稳步建设"哈长城市群"将有助于打破行政区划限制，完善资源上的整合和优化配置，使分散的中小城市紧密联系起来，获得发展机遇。"哈长城市群"规划要求城市群要积极参与"一带一路"建设，推动沿边开发开放。鼓励依托公路、铁路基础，重点加强"哈大齐牡""长吉图"对外开放陆路大通道，打造东北亚物流交通枢纽，培育哈尔滨、长春面向俄远东地区、日韩朝地区的区域航空枢纽。

　　因此，构建"哈长城市群"物流协同体系显得尤为重要。京哈铁路、102国道、京哈高速、同三高速公路与哈大高速铁路客运专线，五条交通大动脉纵贯南北，形成了"两高两铁一国道"的综合交通网络，合纵连横、四通八达，促进了物流园区发展。近几年

"园区热"逐渐降温，政府和企业把物流园区建设的关注点由数量效益型向质量内涵型转变。政府着力思考如何把现有的物流园区以及规划中的物流园区纳入一个协同发展的体系。吉林省科学技术厅委托北华大学承担吉林省科技发展计划项目："哈长城市群"物流园区协同发展模式及路径研究，希望能够通过此次调查，为"哈长城市群"物流产业发展提供理论指导。

（二）调查目的

本次调查着眼于"哈长城市群"内物流园区之间的协同发展现状，目的是为构建"哈长城市群"物流园区协同发展模式，提出协同发展路径及对策提供支撑，为"哈长城市群"物流产业发展提供理论指导。本次调查对象为"哈长城市群"有代表性的不同规模的物流园区，首先通过搜集园区的基本信息了解其基本规模，并按照规模将物流园区划分为大、中、小三个类别；接着根据类别在每个城市中选出具有代表性的物流园区进行实地调研。在调研过程中，通过询问、查找等方式，了解该城市是否有后续开发的物流园区。经过这样一个流程，基本能够对"哈长城市群"中各种类别的物流园区实现全覆盖。本次调研主要采用问卷调查的方式，加之访谈交流，最终确定物流园区的协同现状信息。

二　调查内容及问卷设计

（一）调查内容

针对"哈长城市群"物流园区协同发展现状进行调查研究，从物流园区之间影响协同发展的因素和物流园区内部影响协同发展的因素两方面入手，遵循科学性、可操作性和指标非相关性等原则，确定调查指标及调查内容。

物流园区是一个庞大而又复杂的系统，物流园区之间的协同发展主要考虑园区之间的竞争和合作，例如物流园区是否具有与其他园区进行信息交流的平台，物流园区是否与其他物流园区之间有人员交流，物流园区附近的交通环境是否有利于物流园区间的合作等。一般来说，物流园区内部的协同发展是园区中物流企业的协同发展，主要应考虑物流园区的基础设施建设和信息的共享程度等问题。因此，本次调查有针对性地确定了五大调查指标：

（1）物流园区基本信息指标；

（2）物流园区信息水平指标；

（3）物流园区共享程度指标；

（4）物流园区运营管理指标；

（5）物流园区经济效益指标。

（二）调查问卷的设计

对"哈长城市群"物流园区进行调查研究时，调查问卷应针对单个物流园区进行设计，设计内容主要分为两部分，分别是物流园区的基本信息和运营管理。

1. 园区基本信息

物流园区的基本信息应设计在首页，为方便后期的整合工作，基本信息主要包括受访者所在单位、受访者姓名、联系方式和具体访问时间、园区背景资料等。为提高受访者对我们调查人员的信任度，要对调研项目做一个简要的介绍，突出项目的承办单位以及项目对物流园区发展的重要性。项目目标是构建"哈长城市群"物流园区协同发展模式，提出协同发展路径及对策，这种协同发展模式有利于改善城市群物流企业的运营环境，将对推动"哈长城市群"物流园区乃至整个东北亚物流产业的可持续发展产生积极作用。

2. 园区运营管理

物流园区作为综合经济实体，影响园区运营管理的因素复杂，所以，根据调查的具体内容，综合考虑各方面因素，区分定性指标和定量指标，对物流园区做出分析与评价。园区运营管理调查内容包括对本物流园区信息水平的评价、对本物流园区共享程度的评价、对本物流园区运营战略情况的评价、对本物流园区经济效益的评价等方面。

（1）对物流园区信息水平的评价分为六部分，包括物流园区是否具有自己的门户网站、该网站的更新频率是多少、该网站的点击率是多少、园区是否具有与其他园区进行信息交流的平台、该信息平台每月交易额、该信息平台每月提供信息量。

（2）对物流园区共享程度的评价分为四部分，包括本物流园区与其他物流园区之间设施设备共享、本物流园区与其他物流园区之间的信息共享、本物流园区与其他物流园区之间的人员交流层次、本物流园区与其他物流园区之间人员交流频率。

（3）对物流园区运营战略的评价分为三部分，包括物流园区是否具备清晰的战略定位和目标，制度的落实情况、战略目标的达成率如何，物流园区以及该地区的其他物流园区是否积极响应政府的协同发展政策。

（4）对物流园区经济效益的评价分为五部分，包括物流园区的主营业收入、物流园区的投资收益率、物流园区的资产负债率、物流园区的利润增长率、物流园区的总资产周转率。

三　调查的途径

（一）实地问卷调查

首先，将确定为调查对象的物流园区信息编制成书面文字和表格等形式，并将有关园区信息的问题打印在问卷上；其次，通过调查人员到"哈长城市群"中选定代表物流园区进行调查，将问卷交由相关人员填写；再次，收回进行整理分析；最后，得出对物流园区的评价。

实地问卷调查的优点在于能够保证信息的准确性，并且可以在短时间内获得更多有用的信息；缺点在于需要耗费大量的人力、物力。

（二）电话访问

电话访问一般适用于距离较远或不方便进行实地访问的物流园区。在进行电话访问之前，我们通常要做如下准备：首先，收集到准确的物流园区相关部门的联系方式，并且准备好调研问卷和相关要提出的问题；其次，组织给多个部门打电话，如办公室、人力资源部、财务部等，从而更全面地了解园区的运营情况；最后，通过与被访问者进行交谈，准确理解他们的交谈内容，挑选出真实有效的信息，并进行整理分析。

电话访问的优点在于节省时间和费用，对访问者的工作和生活影响较小，实施过程很便利，缺点在于不能实地观察园区的情况以及受访者的表现，信息的准确性存在问题；电话访问的时间较短，很难深层次地了解到受访者对园区的看法。

（三）焦点座谈会

焦点座谈会是采用小型座谈会的形式，挑选出物流园区相关代表性的工作人员，由调查人员担任主持人引导会议进行，通过参会人员的交谈和深入讨论，从而获得对该物流园区更加深入的了解。

焦点座谈会的优点在于通过参会人员的讨论，能够更深层次地了解园区的现状以及受访者对该主题的看法。缺点在于受访者对园区和协同发展的看法可能存在主观性，缺乏科学的理论依据；焦点座谈会的组织形式复杂，很难具体实施。

（四）互联网大数据抓取

大数据是一种数据科学，它使用数据挖掘等方式对海量数据这一研究对象的内在规律进行挖掘，在找到数据规律的基础上解决相关科学问题。互联网大数据抓取的实施有三方面：第一，运用互联网平台提供的各种搜索引擎可以搜索到大量的有关资料，还有各种大数据获取技术，例如 spark、网络爬虫等；第二，到有关的服务机构或组织获取，例如政府部门相关的报告资料；第三，到数据资源商业机构获取，例如数据圈论坛、UCI 等。

互联网大数据抓取的优点在于信息量大，有用的信息被整合；缺点在于有关物流园区信息的真实性存在问题，需要严格审查。

第二节　物流园区协同发展调查的实施

一　物流园区规模确定

为了方便对"哈长城市群"内的物流园区进行调查，我们需要对物流园区的规模进行研究，通过园区的规模对物流园区分类。在对"哈长城市群"调研时，从三个视角对物流园区的规模确定：第一是面积规模方面。园区的面积规模是评价物流园区规模最主要的指标，物流园区占地面积的大小通常决定了园区的投资规模、产业规模以及园区能够容纳仓库、各种物流运输车辆和装卸设备等设施的数量。第二是投资规模。园区的投资规模是进行物流园区规模确定的另一重要因素，通过对园区投资数量的分析以及园区经营方向的了解，我们能够大致了解到该物流园区的建设水平以及发展程度。第三是产业规模。园区产业规模的大小反映了物流园区经营的好坏以及园区内的各类基础设施是否完善。

参照物流园区初期统计数据，确定以面积规模作为"哈长城市群"内物流园区规模的分类标准，将物流园区分为三大类：第一类，物流园区占地面积在10万平方米以下（包括10万平方米）者，定义为小型物流园区；第二类，物流园区占地面积在10万平方米到50万平方米（包括50万平方米）者，定义为中型物流园区；第三类，物流园区占地面积在50万平方米以上者，定义为大型物流园区。通过对物流园区的规模进行分类，对三种物流园区分别设计恰当的调查办法。

二 调查实施的方法

在"哈长城市群"内，针对各类规模的物流园区，我们制定了如下调查实施办法。

（1）大型物流园区。大型物流园区的设备设施齐全，经营范围广泛，所以，在"哈长城市群"物流园区协同发展的实施过程中，大型物流园区必将起到引领的作用。吉林省内大型物流园区主要有香江物流园、长春东北金属交易中心有限公司、中澳城和珲春盛通国际物流建材产业园等。黑龙江省内大型物流园区主要有龙运物流园区、禧龙物流园区和鼎和国际商贸城等。针对以上大物流园区，我们要深入地了解到园区的基础设施、运营情况和协同因素等各方面信息，对园区工作人员和入驻商户的协同意识进行细致访问，运用互联网大数据抓取的方法对物流园区做一个初步的了解，运用实地问卷调查的方法统计物流园区的基础信息，最后，运用焦点座谈会的方法，了解园区工作人员和入驻商户的协同意识。

（2）中型物流园区。在"哈长城市群"中，中型物流园区占比最大。大型物流园区一般建立在省会城市，而中型物流园区则普遍存在于不同规模城市当中。因此，在"哈长城市群"物流园区协同发展的实施中，中型物流园区起到非常关键的作用。由于中型物流园区的数量较多，所以在具体调查中，我们以实地调查问卷的方法为主，以互联网大数据抓取和电话访问的方法为辅，对物流园区实施调查。

（3）小型物流园区。在"哈长城市群"中，小型物流园区通常是某一集团下的子公司，或单独经营某一产业方向，经营范围较单一，基础设施不完善。在"哈长城市群"物流园区协同发展的过程中，小型物流园区起到的作用较小。所以在具体调查中，我们以电话访问为主，以互联网大数据抓取为辅。

三　调查的控制

（一）调查路线的选取

"哈长城市群"是以吉林省和黑龙江省的省会长春市和哈尔滨市为中心，涵盖吉林市、四平市、辽源市、松原市、延边朝鲜族自治州、大庆市、齐齐哈尔市和牡丹江市等 10 个城市。针对各个城市的物流园区，我们以节约、便捷的原则，制订出调查"哈长城市群"物流园区的具体方案。

调查分成两个小组进行。在吉林省，我们首先对吉林市进行调查，积累一些调查经验，然后以长春为中心，分东西路线进行调查，其中一组对松原市、辽源市和四平市进行调查，另一组对延边朝鲜族自治州进行调查，然后长春汇合，对长春市进行调查。

吉林省调查完成之后，再对黑龙江省进行调查。我们以黑龙江省省会哈尔滨市为中心，分两个方向进行调查，其中一组对大庆市和齐齐哈尔市进行调查，另一组对牡丹江市进行调查，然后哈尔滨市汇合，对哈尔滨市进行调查。

（二）时间节点的控制

在对"哈长城市群"物流园区进行调查的过程中，要控制好时间节点，避开周末以及各节假日物流园区工作人员不上班的情况，从而节省调查的时间和经费。在4月中旬，我们首先对吉林市的物流园区进行调查，积累对调查物流园区的各方面的工作经验，然后对辽源市、松原市、四平市和延边朝鲜族自治州的物流园区进行调查，最后，两组调研人员对长春市的物流园区进行调查，在"五一"劳动节之前结束吉林省的调查工作。

"五一"劳动节之后，对黑龙江省的物流园区进行调查。为了节省经费以及尽快完成调查工作，我们认为应在一周之内完成黑龙江省物流园区的调查工作。首先，调查人员要对大庆市、齐齐哈尔市和牡丹江市的物流园区进行调查。规定在三天之内完成调查任务，然后对哈尔滨市的各大物流园区进行调查，由于黑龙江省的大物流园区都集中在哈尔滨市，所以，我们规定用4天的时间对哈尔滨市的物流园区进行调查，在5月15日之前完成所有的调查任务，返回吉林市。

第三节　物流园区协同发展调查结果分析与应用

一　调查结果

本次调研共调查"哈长城市群"内物流园区40家，其中吉林省24家，黑龙江省16家。两省物流园区的发展良莠不齐，除了少数大型物流园区处于扩张投资状态，发展势头良好，大部分物流园区属于中小型，处于发展停滞状态。

（一）吉林省物流园区发展调查

1. 中澳城

九台的中澳城发展趋势良好，分为公路物流港和铁路物流港，可满足商贸仓储、多式联运、零担快递、集装箱运输等运输服务。公路物流港分为办公、仓储功能区、多式联运功能区以及配送、电商分拨功能区。铁路物流港目前正在进行建设，完善其多式联运，预计铁路开通后平均年吞吐量为100万~200万吨。公司管理层意识超前，乐于向先进企业学习，与厦门港和锦州港均有合作。冷链、家具等物流体系正在筹建，预计两年后园区全部建成。周边设有物流配套城市综合体，内有商业超市、银行、诊所等，为周边居民及企业员工提供生活服务。在协同发展方面，中澳城具有自己的"E联网"，为平台用户提供线上推广、物流信息服务等。但是在"哈长城市群"内与其他物流园区尚无相关协同合作。

2. 香江物流园

德惠的香江物流园位于长春新区，交通位置优越。该园区总共三期，一期已经建成投入使用，入驻物流企业82家，均处于满仓状态；二期工程正在建设中。佳吉快运吉林省分公司、安能物流吉林省公司、格力电器东北总仓、中国邮政速递吉林省总仓、沈阳铁路局长春货运中心等大型省级物流总部入驻在香江物流园内。园区收入来源为管理费、出租费以及物流配送费。属于园区自己的车辆共有9辆，其余均为入驻企业车辆。在协同发展方面，香江物流园与哈尔滨龙运物流园达成一致，支持车辆互通，之后因龙运的管理层更换等原因合作未继续。目前正在开发由政府主导的无车承运平台，与其余五家园区进行合作。

3. 浦项物流园

浦项物流园位于延边朝鲜族自治州的珲春，位于中、朝、俄三国交界处。园区总占地150万平方米。目前该园区只有仓库出租一种经营方式，仓库设备先进，但无自己的运输车辆，只有厂房和叉车。企业管理规范，注重员工能力培养，具有较大的发展空间。浦项物流园因为地理位置较为偏远以及其他等原因，在与其他园区的协同发展上没有相应规划。

4. 其他典型中小型物流园区

吉林市北龙物流园主要经营模式为仓库出租、货品存储与运输，在吉林市属于规模较大的物流园区。园区不参与管理下属企业的生产经营，园区内有供下属企业员工生活的食堂和宿舍。公司暂无协同发展规划。

珲春宇通国际物流园主要经营仓储理货、包装加工、国际运输、零担配送等，目前运营情况一般，管理层无协同发展意识。园区不参与管理入驻企业的生产经营，缺少高级物流管理人员，目前已建成新园区。

珲春盛通国际物流建材产业园业务中心是物流市场营销。所征土地没有得到有效使用，规划面积 60 万平方米，实际只有建材市场使用了 6 万平方米，其余土地处于闲置状态。该产业园不属于物流园区，有建设物流园区的计划但是目前没有具体实行。

汪清物流产业园占地面积 48 公顷，目前，园区内建筑已成形，场地未进行平整。建筑为多栋办公楼，未见用于仓储的仓库厂房。

图们国际物流中心已经建成，但未投入使用，园区闲置。据门卫介绍正处于招商过程中。该园区地理位置偏僻，四周是山地，通往园区道路尚未拓宽，交通条件极为不利。

辽源共有两家物流园区。仙城物流园的经营模式为仓库出租，货品主要为农产品，有停车场，年收入 300 万元左右。亨通物流园有 3 个大型仓库和十多个小型仓库。两园区均无协同发展行动与规划。

伊通的亿通商贸物流城目前处于试营业阶段，未获得有价值的数据。

总体来说，吉林省物流园区经营模式比较单一、管理机制不够完善、缺乏自主创新，部分园区缺乏长远规划、政策法规及规划落地实效性不足等都制约着物流园区的发展，园区间协同发展存在一定的难度。

（二）黑龙江省物流园区发展调查

1. 龙运物流园区

龙运物流园区属于国有企业，位于哈尔滨市南部，靠近环成高速路口，交通网络四通八达。园区现有配送站、仓储站、集装箱站以及汽配物流站等。入驻园区的企业均可享受园区扶持资金政策和优惠。每年形成 45 亿元左右的物流服务产业值。园区有自己的门户网站，与吉林香江物流园有一定程度合作。

2. 禧龙物流园

哈尔滨禧龙国际流园区是一家大型家装建材产品集散中心，是哈尔滨市的重点单位。园区设有商品展示区、货物仓储区、产品加工区、物流配送区和综合服务区。通过实地调研的情况来看，禧龙物流园业务以物流市场营销为主，物流配送区只占整个园区的一小部分，物流配送区域是后期为了满足市场内企业配送货物的需要另行规划的区域，同样以出租形式出租给园区内的企业。企业发展得到政府支持，目前政府支持的项目尚未启动。禧龙物流园区与其他物流园区无相关协同发展规划。

3. 其他典型中小型物流园区

哈尔滨鼎和国际物流城主要经营模式为仓储，园区不参与下属企业的生产经营管理。该园区是鼎和公司旗下的子公司，此外鼎和公司还有龙运顺达物流园区和长安物流园区。

大庆的物流园区分别是大庆物流园区和永鑫物流园区。大庆物流园为国企，经营模式主要为中转，入驻企业21家。永鑫物流园目前处于建设初期，边建设边营业，对本园区入驻商户有优惠政策。两家物流园区目前是竞争关系。

齐齐哈尔建华仓储物流园的经营模式为场地出租，无厂房，无自己园区的车辆。园区内入驻的企业主要承担零担业务。目前该园区无协同发展规划。

总体来说，黑龙江省物流园区存在经营模式比较单一、管理创新不足、运营管理体制不够健全、综合服务能力有待提升等问题。此外，园区互联互通问题也亟待解决。

二　调查结果分析

制约"哈长城市群"内物流园区协同发展的因素有很多，接下来从地理位置、园区规模、经营模式、网络平台建设以及企业性质等方面进行基础信息分析，然后从"哈长城市群"物流园区整体层面做综合分析。

（一）基础信息分析

1. 地理位置

吉林省内大型物流园区两个在长春周边，一个在珲春，在地理位置上均具有优势。因为长春市是吉林省省会，具有政治、经济等多方面的优势，而珲春位于中、俄、朝边界，物流园区在对外货物运输方面享有不可多得的便利。黑龙江省内的大型物流园区几乎都在哈尔滨，同样是因为省会具有多种优势。相比之下，其他中小型物流园区所处的位置不是政治经济中心，只能为当地和距离较近的地区提供物流服务，在园区与园区协同发展方面存在很大不足。

大多数物流园区的具体选址都在郊区，而且交通便利，这符合园区选址的基本要求。但是少数园区在选址上存在问题，例如长春顺风物流园、齐齐哈尔建华物流园等，园区外道路交通条件较差，不利于货车通行，也会影响园区发展。

每个物流园区都有他存在的价值与必要，调查者对部分物流园区选址提出质疑。汪清物流产业园至今未全部完工，物流的基础设施设备严重不足，调查者认为该产业园设立必要性值得商榷；图们市物流园区已经建成，目前正处于招商入户阶段，但园区大门也未见正式挂牌。图们物流园区所处地理位置极为不利，两面环山，周围是农村住户和废弃工厂，园区交通不便，道路通行能力亟待改善。

2. 园区规模

根据调查结果，目前具有协同行为的物流园区共有三家，分别是九台的中澳城、德惠的香江物流园和哈尔滨的龙运物流园。这三家园区的面积规模均在100公顷以上，园区内工作设施设备比较齐全。调查显示，具有完备的基础条件，资源能够形成互惠互利，同等规模的物流园区之间具有协同交流的可行性。因此，企业规模的大小是影响物流园区协同发展不可忽略的因素。

3. 经营模式分析

目前在正常运营的37家物流园区当中，绝大多数园区的经营模式单一，主要以出租场地、仓库为主，收取租金以及管理费，不参与企业的生产经营，没有自己的运输车辆，在运车辆主要来自入驻企业或者第三方物流公司。少数园区拥有自己的车队，可以帮助入驻企业进行运输，例如香江物流园区。少数物流园区仓库出租除收取租金外，还承担入驻企业的货品管理。相比之下，采取多种经营模式的园区比单一模式的园区更具有竞争力，在协同发展方面也比单一模式园区做得好。

4. 网络平台建设分析

目前全国正在大力推行"互联网＋"经济形态，物流产业也理应顺应发展趋势，及时做出改变。根据调查，40家物流园区中拥有自己门户网站的只有18家，其中用于入驻企业进行信息平台的只有1家，其余均为园区的宣传主页，没有用于园区间的协同发展。调查者发现，企业管理层对于使用互联网平台加强园区合作认识不足，缺乏积极性，只有香江物流园目前在通过政府推动进行一项"无车承运人"项目的APP开发。由此可见，"哈长城市群"物流园区的协同发展网络平台建设还有很大的发展空间。

5. 企业性质分析

在调查的40家园区中，有3家属于国企，其中龙运物流园与香江物流园有过协同合作，后因为龙运管理层更换等原因未进行后续运作。虽然说企业性质与园区间协同合作无直接联系，但是与企业管理层协同创新意识密切相关。相比之下，民营企业的管理层比国有企业的管理层对待企业发展、远景规划更具有积极性和创新动力，例如九台的中澳城，管理层重视学习先进物流园区经验，间接影响着企业发展和园区协同规划。

（二）综合分析

1. "哈长城市群"物流园区间竞争分析

在物流园区的发展建设过程中，由于园区的经营模式相同或相近，为了增进本园区的生产效益，园区之间必然会存在竞争关系。通过对"哈长城市群"40家物流园区进行调查分析，90%以上的园区在运营中存在竞争。以黑龙江省大庆市的大庆物流园区和永鑫物流园区为例，大庆物流园区和永鑫物流园区的主要经营模式均为中转运输，两物流园区的地理位置较近，均在大庆市萨尔图区，所以两物流园区针对入驻商户存在竞争，并纷纷为入驻商户出台优惠政策。永鑫物流园区是民营企业，大庆物流园区是国有企业，永鑫物流园区利用民营企业政策操控的灵活性，针对大庆市物流园区的入驻企业推出一项优厚方案，凡是到永鑫物流园区入驻的企业，根据签约入驻年限，可以减免相应的房租，以此提高园区招商的竞争力。而大庆物流园区也紧随其后，改良了园区的基础设施，出台各项优惠政策，通过提高了园区运营水平吸引商户。

在"哈长城市群"物流园区之间的良性竞争，将会促进物流园区加速发展。物流园区要在不断地竞争中提高自己的服务水平和创新能力，弥补短板，让园区的入驻商户得到更加优质的服务。大庆市的永鑫物流园区和大庆物流园区是物流园区之间良性竞争实例，从竞争中提升了两物流园区的运营水平。

2. "哈长城市群"物流园区间合作分析

通过本次调查我们发现，在"哈长城市群"中，物流园区之间的合作非常少，接受调查的 40 家物流园区中，仅有不到 20% 的园区有过合作经历或合作意向。在对一些物流园区负责人的访问中，我们了解到园区的合作过程中存在很多利益关系，要想实现合作，不仅要考虑物流园区自身的利益，还需考虑园区内入驻商户的利益。例如，吉林省香江物流园区和黑龙江省龙运物流园区分别建立在两个省的省会城市，都是经营模式齐全、运营状况良好的大物流园区，并且时常进行经验交流。2016 年，香江物流园区和龙运物流园区在两省之间针对园区内入驻商户的往来车辆进行合作，合作的主要内容是两物流园区为对方园区内入驻商户的往来车辆提供停车场地以及配套服务支持，为园区内的入驻商户提供更多的优惠，以此来提高园区的招商竞争力。

同一物流公司在不同物流园区入驻，形成了一种物流园区联系合作的纽带。例如，在大庆物流园区的调查过程中，我们了解到园区内的入驻企业滨南物流公司与其他物流园区的合作较多，滨南物流公司在黑龙江省入驻的物流园区主要分布在哈尔滨市、齐齐哈尔市、大庆市和牡丹江市，在黑龙江省内的业务主要是本公司单独在各个城市的物流园区中转运输，省外的业务主要是与其他物流公司合作，一般是在哈尔滨市的物流园区进行中转运输合作。

综上分析，物流园区之间的合作尚处于园区业务层面或园区入驻企业层面，缺乏战略层面的合作。

3. "哈长城市群"物流园区间协同化分析

在对"哈长城市群"物流园区的调查中我们发现，各地物流园区的闲置率较高，对资源共享、协同发展认识不足。绝大多数物流园区受访者认为，物流园区应该是单独运营管理，不需要进行协同化发展，甚至一些园区的管理人员没有协同发展的概念，根本没有园区之间进行协同发展的意识，严重制约了物流园区发展。少数运营规模较大、设施设备齐全的物流园区具有协同发展的意识，但是缺乏政府的统一指导以及园区协同发展的系统规划，在实施过程中，无法做到利益平衡，因此操作起来十分困难。针对以上"哈长城市群"物流园区面临的状况，找出"哈长城市群"物流园区协同发展的方法更加迫切。通过本次对物流园区的调查，期望能够完善物流园区协同发展的理论基础，实现物流园区之间互惠互利的发展形势。

三　几点建议

针对"哈长城市群"物流园区协同发展现状，提出如下几方面建议。

（1）物流园区建设之初应做好详尽的规划，不仅是单个物流园区的区域地位与具体选址，更要考虑整个"哈长城市群"当中已有园区的区域位置，互相之间形成区位上的协同，使各园区产生的价值达到最大化。而且根据此次调查我们建议，"哈长城市群"内短时间内不需再继续规划建设物流园区，让现有的物流园区投入使用并且充分发挥其效益即可。

（2）园区管理层应突破思维局限，在保证企业正常运营的同时，变更经营模式，创新管理模式，推进协同创新。

（3）政府应该起到积极的推动作用，首先通过相关主管部门加强区域内园区间的交流合作，例如政府层面定期举行论坛，增强信息交流；其次以项目为载体，积极推动园区间互相合作，互利共赢，共同促进协同发展。

四 物流园区协同发展调查结果应用

（一）对物流园区内企业运营改善的借鉴

当前，在"哈长城市群"中，物流园区的经营模式和管理水平，很难实现与其他园区进行合作，无法为园区内入驻企业提供协同服务，因此，企业在物流园区协同发展方面要自力更生，尽可能地寻找与其他物流园区或其他园区内入驻企业的合作机会，以园区内入驻企业的协同化带动物流园区与物流园区之间的协同化发展。例如，黑龙江省大庆市大庆物流园区中的入驻企业滨南物流公司在黑龙江省内的业务是由本公司单独在各个城市的物流园区设立的中转站承担，从而实现了园区内入驻企业带动区域内物流园区协同化发展。

（二）对"哈长城市群"内物流园区运营改善的借鉴

经调查，当前"哈长城市群"内物流园区的运营形式十分单一，缺乏与其他物流园区的合作，区域内园区协同化发展意识薄弱，造成物流园区非常高的闲置率等问题。针对以上问题，通过对此次园区调查结果的研究，我们对"哈长城市群"物流园区的运营发展提出以下几点建议：第一，物流园区要为入驻企业出台合理的优惠政策，该政策要着重考虑与区域内其他物流园区的合作，寻求突破性发展战略，加强"哈长城市群"物流园区协同化发展。例如，黑龙江省哈尔滨市龙运物流园区针对入驻企业的车辆停放费用方面提供了会员优惠政策，并积极与其他园区寻求合作，扩大该政策的辐射范围。第二，物流园区要积极鼓励园区内入驻企业与其他物流园区进行合作，同时，要提供一些信息资源与有利政策，从而带动园区之间的合作。第三，园区之间要时常进行经验交流，加强了解，共同努力，实现区域内物流园区的协同化发展。

（三）对政府有关政策改善的借鉴

"哈长城市群"物流园区的发展与政府的相关政策密切相关。当前，物流园区在协同发展方面的意识十分薄弱，阻碍了园区现代化的发展，其中，缺乏政府的统一指导是主要原因之一。因此，要解决"哈长城市群"物流园区协同发展方面的问题，政府就要加强调控和服务能力，出台适应于物流园区协同发展的政策法规，增强物流园区管理人员对协同发展的认识，为"哈长城市群"物流园区协同化发展指明方向。

附件　调查问卷

项目名称："哈长城市群"物流园区协同发展模式及路径研究
主持单位：北华大学
问卷编码：
访员编号：

"哈长城市群"物流园区协同发展现状调查问卷

受访者所在单位：
受访者姓名：
联系电话：
所在部门及职务：
具体访问时间：　　　年　　月　　日

城市：

吉林省					
长春市	吉林市	四平市	辽源市	松原市	延边朝鲜族自治州

黑龙江省			
哈尔滨市	大庆市	齐齐哈尔市	牡丹江市

　　您好，我们是北华大学交通运输工程专业的学生，本次进行吉林省科技发展计划项目的调查研究，希望通过走访园区来对"哈长城市群"的物流园区协同发展情况进行评估，从而发现其中的不

足，进而改进发展模式与对策。您的意见对我们非常重要，希望能得到您的帮助与支持。您及您企业的所有信息我们均会保密，未来只作为统计分析使用，不会向包括吉林省政府在内的任何机构透露，请放心！

【如受访者有疑问，可介绍一下本次项目】本次项目是由北华大学向吉林省科技厅申请的吉林省经济发展一般课题，项目目标为构建"哈长城市群"物流园区协同发展模式，提出协同发展路径及对策，这种协同发展模式有利于改善城市群物流企业的运营环境，将对推动"哈长城市群"物流园区乃至整个东北亚物流产业的可持续发展产生深远影响，所以本次调查希望能得到您的支持！

G 部分：过滤部分，寻找合格受访者

G1. 请问您的职务是：

【单选】

董事长或总裁---1	→ 【跳至 A1 题】
总经理---2	
副总经理---3	→ 【继续访问】
其他高级管理人员【请注明：】-----------------------4	
其他【请注明】_____	→ 【终止访问】

A 部分：园区背景资料

A1. 园区内用于日常运营的设施设备的总数是_____台

A2. 园区的总占地面积是_____公顷

A3. 园区内的工作人员总数是_____人

A4. 园区月均的物流量是_____吨

B 部分：对本物流园区信息水平的评价

B1. 请问本园区是否具有自己的门户网站？

　　　　A. 有（跳至 B2）　　　B. 无（跳至 B4）

B2. 请问该网站的更新频率是多少？

      A. 50 条以上/月

      B. 11～50 条/月

      C. 1～10 条/月

      D. 无更新

B3. 请问该网站的点击率是多少？

      A. 1000 次及以上/月

      B. 500～1000 次/月

      C. 100～500 次/月

      D. 100 次以下/月

B4. 请问本园区是否具有与其他园区进行信息交流的平台？

      A. 有（跳至 B5）   B. 无（跳至 C1）

B5. 该信息平台每月交易额为_____万元

B6. 该信息平台每月提供信息量为_____条

C 部分：对本物流园区共享程度的评价

C1. 您认为本物流园区在与其他物流园区之间的设施设备共享方面做得如何？请您用 5 分制打分，您打几分？

很好	好	一般	不好	很不好
5	4	3	2	1

C2. 您认为本物流园区在与其他物流园区之间的信息共享方面做得如何？请您用 5 分制打分，您打几分？

很好	好	一般	不好	很不好
5	4	3	2	1

C3. 您认为本物流园区在与其他物流园区之间的人员交流方面做得如何？请您用 5 分制打分，您打几分？

很好	好	一般	不好	很不好
5	4	3	2	1

C4. 本物流园区与其他物流园区之间（具有规模性的）的人员交流频率是_____（次/年）

D 部分：对本物流园区运营管理情况的评价

D1. 您认为本物流园区在协同战略方面做得如何？是否具备清晰的战略定位和目标等？请您用 5 分制打分，您打几分？

很好	好	一般	不好	很不好
5	4	3	2	1

D2. 您认为本物流园区在日常的协同战略落实方面做得如何？制度的落实情况、战略目标的达成率又如何？请您用 5 分制打分，您打几分？

很好	好	一般	不好	很不好
5	4	3	2	1

D3. 物流园区以及该地区的其他物流园区是否积极响应政府的协同发展政策？您认为政策的作用如何？请您用 5 分制打分，您打几分？

很好	好	一般	不好	很不好
5	4	3	2	1

H 部分：对本物流园区经济效益的评价

H1. 本物流园区的主营业收入为_____万元

H2. 本物流园区的投资收益率为_____（收益能力）

H3. 本物流园区的资产负债率为_____（偿债能力）

H4. 本物流园区的利润增长率为_____（发展能力）

H5. 本物流园区的总资产周转率为_____（营运能力）

参考文献

［1］曹彪:《前景无限　期待落实——就〈全国物流园区发展规划〉访贺登才》,《运输经理世界》2013 年第 11 期。

［2］陈达强、孙单智、蒲云:《基于区位论和城市 GIS 的物流园区布局研究》,《交通运输工程与信息学报》2004 年第 3 期。

［3］陈丽华、刘忠轶:《中国物流园区创新发展模式研究》,《物流技术与应用》2013 年第 2 期。

［4］蔡晓明:《生态系统生态学》,北京大学出版社 2000 年版。

［5］代联、赖玉林:《物流信息技术在物流管理中的应用》,《合作经济与科技》2017 年第 12 期。

［6］邓伟根、陈林:《产业生态学的一种经济学解释》,《经济评论》2006 年第 6 期。

［7］方威:《物流园区组织生态理论与实证研究》,博士学位论文,中南大学,2012 年。

［8］高蕾:《企业物流》,对外经济贸易大学出版社 2004 年版。

［9］高举红:《物流系统规划与设计》,清华大学出版社 2010 年版。

［10］霍红、李楠:《现代物流管理》,对外经济贸易大学出版社 2007 年版。

［11］胡良德:《城市物流园区规划研究》,博士学位论文,武汉理工大学,2005 年。

［12］何黎明:《物流园区发展的新趋势与新政策》,全国物流园区工作年会致辞,2015 年 8 月 5 日。

[13] 海峰：《管理集成论》，经济管理出版社 2003 年版。

[14] 洪琼、张浩：《物流园区供应链信息协同机制研究》，《物流技术》2013 年第 11 期。

[15] 韩勇：《物流园区系统规划的理论、方法和应用研究》，博士学位论文，天津大学，2003 年。

[16] 姜天座、文宗川：《内蒙古物流园区转型升级中的四元主体模型研究》，《长春理工大学学报》（社会科学版）2016 年第 1 期。

[17] 焦薇：《经济区域内物流园区协调发展理论与方法研究》，博士学位论文，北京交通大学，2014 年。

[18] 焦薇、刘凯：《基于共生理论的物流园区合作研究》，《生产力研究》2013 年第 4 期。

[19] 李长洪、邵超峰、于敬磊、鞠美庭：《产业生态学的技术方法研究及应用》，《环境保护与循环经济》2010 年第 4 期。

[20] 李大庆：《辽宁港口与物流园区协同发展研究》，《经济研究参考》2013 年第 27 期。

[21] 李笃：《浅谈物流信息技术在现代物流行业中的应用》，《技术与市场》2016 年第 7 期。

[22] 李凤梅：《物流信息技术在物流管理中的应用探索》，《商场现代化》2016 年第 5 期。

[23] 李浩春、梁婷：《快递行业物流信息技术应用状况研究》，《全国商情》2016 年第 35 期。

[24] 陆宏芳、任海、王昌伟、彭少麟：《产业生态学研究方法》，《中山大学学报》（自然科学版）2005 年第 2 期。

[25] 刘磊、郑国华、刘菁、周艾飞：《基于粗糙集理论与德尔菲法相结合的物流园区选址研究》，《物流技术》2008 年第 1 期。

[26] 李美羽、王喜富、张喜、冯雪：《我国现代物流理论体系模块化框架构建》，《商业经济与管理》2015 年第 10 期。

[27] 来梦娜：《基于低碳理论的物流园区路网优化》，博士学位论文，北京交通大学，2012 年。

[28] 林洁:《基于产业集群对产业物流园区发展模式的思考》,《对外经贸》2012 年第 3 期。

[29] 龙江:《商贸企业物流》,中国物资出版社 2003 年版。

[30] 柳键、邱国斌:《我国物流园区发展状况与发展模式研究》,《物流工程与管理》2010 年第 2 期。

[31] 梁世翔、付军:《物流园区企业捕食型协同模型研究》,《物流技术》2007 年第 6 期。

[32] 梁世翔:《基于 ITS 的物流园区协同研究》,博士学位论文,武汉理工大学,2007 年。

[33] 梁世翔、汪燕:《ITS 环境下的物流园区协同对策研究》,《交通企业管理》2007 年第 7 期。

[34] 梁世翔、汪燕:《物流园区入驻企业的生态位分析与协同模式选择》,《现代物流》2007 年第 8 期。

[35] 梁世翔、严新平:《物流园区协同信息平台的数据挖掘模型研究》,《武汉理工大学学报》(信息与管理工程版) 2007 年第 6 期。

[36] 刘峥:《高校物流管理人才培养问题与策略研究》,《湖北经济学院学报》(人文社会科学版) 2015 年第 8 期。

[37] 马成林、毛海军、李旭宏:《物流园区内部功能区布局方法》,《交通运输工程学报》2008 年第 6 期。

[38] 马维野:《池玲燕·机制论》,《科学学研究》1995 年第 4 期。

[39] 欧江涛:《区域物流园区竞合策略的演化博弈分析与协调发展研究》,硕士毕业论文,西南交通大学,2015 年。

[40] 欧阳泉:《基于商业视角的物流生态系统及协同演进机制研究》,博士毕业论文,西南财经大学,2013 年。

[41] 任先正、张戎、刘莹:《上海洋山深水港物流园区功能定位》,《综合运输》2005 年第 7 期。

[42] 舒辉:《集成化物流》,经济管理出版社 2005 年版。

[43] 孙红霞、孙宏岭:《基于价值链理论的物流园区建设的现状

分析》,《物流科技》2008 年第 12 期。

[44] 孙灵:《江苏省物流园区建设与发展中的政府作用研究》,硕士学位论文,南京工业大学,2016 年。

[45] 石磊、陈伟强:《中国产业生态学发展的回顾与展望》,《生态学报》2016 年第 2 期。

[46] 孙刘诚、孙焰、郑文家:《不规则物流园区功能区块布局模型与算法》,《交通运输系统工程与信息》2017 年第 2 期。

[47] 舒炎祥:《从信息生态学角度看企业竞争情报系统建设》,《现代情报》2006 年第 1 期。

[48] 石荣丽、阮娴静:《物流园区资产管理信息化协同平台建设研究》,《华南理工大学学报》（社会科学版）2015 年第 4 期。

[49] 苏武:《物流信息技术在零售配送中心的应用研究》,《物流工程与管理》2016 年第 3 期。

[50] 隋艳辉:《基于物联网的物流园区信息平台规划研究》,博士学位论文,西南交通大学,2012 年。

[51] 陶经辉、乔均:《物流园区内部功能区规划建设探析》,《中国流通经济》2006 年第 6 期。

[52] 汤银英:《物流效应场模型及其空间分布》,《物流技术》2007 年第 6 期。

[53] 王继祥:《物流互联网与智慧物流系统发展趋势》,《物流技术与应用》2015 年第 3 期。

[54] 吴健:《电子商务物流管理》,清华大学出版社 2009 年版。

[55] 王连欢:《物流中心选址的若干模型研究》,硕士学位论文,中南大学,2005 年。

[56] 吴琳:《基于云计算的云南一级物流园区信息平台分析与设计》,博士学位论文,云南财经大学,2013 年。

[57] 王瑞:《物流公共信息平台构建及运作模式研究》,硕士学位论文,长安大学,2012 年。

[58] 吴文征:《物流园区协同研究》,博士学位论文,北京交通大

学，2012 年。

［59］吴文征：《物流园区网络协同的内涵与运作机制初探》，《生产力研究》2012 年第 4 期。

［60］吴文征、鞠颂东、潘峰：《云南省物流园区协同网络的形成与作用》，《物流技术》2011 年第 3 期。

［61］吴文征：《物流园区协同运作研究》，《北京交通大学学报》（社会科学版）2013 年第 2 期。

［62］王薇、邢妍：《第三方物流企业发展现状及思路探析》，《中国商贸》2010 年第 14 期。

［63］王叶峰、蒋晴：《中国与日德物流园区发展模式对比研究》，《中国物流与采购》2011 年第 10 期。

［64］肖怀云、左元斌：《苏北现代物流园区功能定位探析》，《物流科技》2009 年第 7 期。

［65］邢虎松：《区域物流合作理论及应用研究》，博士学位论文，北京交通大学，2014 年。

［66］杨海荣：《现代物流系统与管理》，北京邮电大学出版社 2003 年版。

［67］叶菁、张道臣：《物流园区功能定位初探》，《中国储运》2008 年第 2 期。

［68］应静：《基于生态学理论的物流园区发展对策研究》，博士学位论文，中南科技大学，2009 年。

［69］伊俊敏：《物流工程》，电子工业出版社 2016 年版。

［70］杨威：《中国物流园区运作的若干问题及建议》，《物流技术》2005 年第 5 期。

［71］尤西、谢菲：《物流集群》，机械工业出版社 2017 年版。

［72］杨晓兰，刘学林：《城市物流资源整合的途径与对策研究——以湖北省襄阳市为例》，《企业科技与发展》2014 年第 9 期。

［73］杨叶笛：《物流园区主体间行为分析》，《物流技术》2014 年第 5 期。

[74] 袁炎清、范爱理:《物流市场营销》,机械工业出版社 2003 年版。

[75] 袁增伟、毕军:《产业生态学最新研究进展及趋势展望》,《生态学报》2006 年第 8 期。

[76] 中国物流采购联合会、中国物流协会:《中国物流园区发展报告》,中国财富出版社 2015 年版。

[77] 周凌云:《区域物流多主体系统的演化与协同发展研究》,博士学位论文,北京交通大学,2012 年。

[78] 张国庆:《生态论:复杂系统研究》(电子书),2013 年,第 391—395 页。

[79] 张守龙:《基于共生理论的物流园区发展模式及其有效性测评研究》,博士学位论文,江苏科技大学,2014 年。

[80] 张晓川:《物流学——系统、网络和物流链》,化学工业出版社 2005 年版。

[81] 张雪燕:《基于制度演变理论的物流园区生命周期研究》,博士学位论文,北京交通大学,2010 年。

[82] 赵旭、高建宾、商娟:《基于复杂系统理论的物流园区截流选址模型》,《运筹与管理》2013 年第 1 期。

[83] 赵晓君:《基于产业集群理论的物流园区规划设计研究》,《商品储运与养护》2008 年第 1 期。

[84] 周振华、韩汉君:《流量经济及其理论体系》,《上海经济研究》2002 年第 1 期。

[85] 张泽建、王晓东:《基于物联网和云计算架构的物流园区供应链管理平台研究》,《物流技术》2017 年第 1 期。

[86] http://www.cnnic.net.cn/hlwfzyj/hlwxzbg/hlwtjbg/201701/P020170123364672657408.pdf,2017 年 7 月 9 日。

[87] Crainic, Teodor Gabrie, "Models for Evaluating and Planning City Logistics Systems", *Transportation Science*, Vol. 43, No. 3, 2009.

[88] Awasthi, Chauhan, Satyaveer S, "A Hybrid Approach Integrating Affinity Diagram, AHP and Fuzzy TOPSIS for Sustainable City Lo-

gistics Planning", *Applied Mathematical Modeling*, Vol. 36, No. 2, 2012.

[89] Eiichi Taniguchi, Michihiko Noritake, Tadashi Yamada, Tom Izumitani, "Optimal Size and Location Planning of Public Logistics Terminals", *Transportation Research Part E*, No. 35, 1999.

[90] Andreas Klose, Andreas Drexl, "Facility Location Models for Distribution System Design", *European Journal of Operational Research*, Vol. 16, No. 2, 2005.

[91] Der – Horng Lee, Meng Dong, Wen Bian, "The Design of Sustainable Logistics Networkunder Uncertainty", *International Journal of Production Economics*, Vol. 128, No. 1, 2010.

[92] Ho, Y. – C, Tsen, Y. – Y, "A Study on Order – Batching Methods of Order – Picking in a Distribution Centre with Two Cross – Aisles", *International Journal of Production Research*, Vol. 44, No. 17, 2006.

[93] Reza Tavakoli – Moghadam, Faraz Ramtin, "A Location within Distribution Network Design Problem with Flexible Demand", *Proceedings of the World Congress on Engineering*, 2010.

[94] Ari – Pekka Hameri, Antti Paatela, "Multidimensional Simulation as a Tool for Strategic Logistics Planning", *Computers in Industry*. No. 27, 1995.

[95] Kap Hwan Kim, Kang tae Park, "A note on a Dynamic Space Allocation Method for Outbound Containers", *European Journal of Operational Research*, No. 2, 2003.

[96] Gunnar Stefansson, "Collaborative Logistics Management and the Role of Third – Party Service Providers", *Physical Distribution & Logistics Management*, Vol. 36, No. 2, 2006.

[97] Adam Smith, The Wealth of Nations, Pennsylvania State: A Penn State Elec – tronic Classics Series Publication, 2005.

[98] Maciulis Alminas, Vasiliauskas Aidas Vasilis, Jakubauskas

Grazvydas，"The Impact of Transport on the Competitiveness of National Economy"，*Transport*，No. 2，2009.

[99] Alan J. Stenger，"Information System in Logistics Management: Past，Present，and Future"，*Transportation Journal*，Vol. 26，No. 1，2003.

后　　记

　　本书系吉林省科技发展计划基金项目（20170418062FG）研究成果，课题组成员为本书的成稿付出了大量的心血和汗水。

　　物流园区协同发展问题是一项系统工程，在协同发展模式的构建与运行、协同发展机制、协同发展路径及保障等方面，还有大量的工作需要进一步探讨。

　　本书付梓之时，恰逢吉林省物流业研究基地落成一周年之际，感谢吉林省哲学社会科学规划办公室、吉林省发展和改革委员会、黑龙江省发展和改革委员会、吉林省科学技术厅的大力指导和支持！

孙庆峰　马哲明
2017 年 6 月